講談社文庫

にっぽん・海風魚旅２

くじら雲追跡編

椎名 誠

はじめに

　シリーズ二冊目の「海風魚旅」である。この日本の海べりをめぐる旅シリーズは一九九八年五月からスタートしたので、もう足かけ五年ほど日本の海ぞいのあちこちを歩いているわけである。取材してきた日本地図の海岸線を塗りつぶしていくとどのくらいになるのか——ということが今この前書きを書くときにフと気になったが、一冊目から数えると、北海道の北の端から沖縄の南の果てまでずいぶんあっちこっち行ってはいるものの、まだ点線状態のものが一応は日本列島沿いにとびとびに描かれている程度だろうと思う。島国とはいえ、その輪郭をなぞっていくというのは結構たいへんである。

　今回はずいぶんいろんなところで思いがけないような生物の不思議と出会った。たとえば宮古島で沖縄の風物に欠かせない三線（さんしん）（蛇皮線）を作っている工場を偶然訪ねたのだが、そこで三線に使う蛇の皮をそっくり見せてもらった。東南アジアから入ってきたニシキヘビのまるごと一本のヒラキである。ニシキヘビの皮は狙った獲物にまきついて締め上げるために後ろのほうがずっと筋肉がついているそうで皮も厚い。大蛇の下半身というのを初めて知った。

三線の骨格となる木が鉄木（てつぼく）であるということもこの時初めて知った。鉄木も東南アジアの産物で、本当に鉄のように硬くて強くて重くて腐らない木なのである。

ニシキヘビや鉄木のあとに島の繁華街でヤギのキンタマに遭遇した。しかも刺身である。やや躊躇したが取材であるからきっぱり食べたらなかなかねっとりと濃厚で、けっこう存在感の強烈なやつであった。不思議と共食いの切なさはなかった。そのあとエラブウミヘビの姿煮が出てきた。どうも全体に悪趣味な店だったのである。これはスープがなかなかよろしかった。

今回のタイトルがクジラがらみであるように、和歌山の太地（たいじ）ではじつにまったくクジラづくしの日々であったが、クジラ料理を食べたあとに水族館の巨大プールで、実際に生きている本物のクジラと目が合ってしまってバツの悪い思いをした。

東北では沢山のナマハゲと出会った。鬼の変形であろうそれは、大抵のみやげ物屋の前に立っていて、電気仕掛けで金棒を振り回しながら「悪い子いねがあウオーッ」などと吠えていた。「悪いおじさん」はすぐに立ち去ることにした。

夏の東北の海は豊饒の季節で、とりたてのホヤの甘くて汐くさい独特の味に感動した。こういうものに出会うと海旅のシアワセを実感するのである。屋久島のサバは食べる直前にとりたてのイキのいいサバの首を折る。普通のゴマサバだが、そのあたりでは「首折れサバ」というのだということを初めて知った。

山陰の海岸では「ババア」という名のゲンゲ科のあやしい魚と出会った。なるほどシワだらけの深海魚で、そんなにうまくはなかったが、海べり旅ならではのめったに見られない怪魚との対面であった。本文には書かなかったが、このあたりむかしは「ジジイ」という魚もいたそうだがしかしサカナ界も「ババア」のほうが強くて「ジジイ」はついに「ババア」によって駆逐されたという。どこも力関係は一緒なのだな、と感心したが、確証がとれたわけではないから、あるいは冗談好きの漁師に担がれたのかも知れない。まあ詳しくはこのあとの「にっぽん・海風バカウマ旅」におつきあい願いたい。

にっぽん・海風魚旅2　くじら雲追跡編・目次

にっぽん・海風魚旅2　くじら雲追跡編

宮古島のニシキヘビ

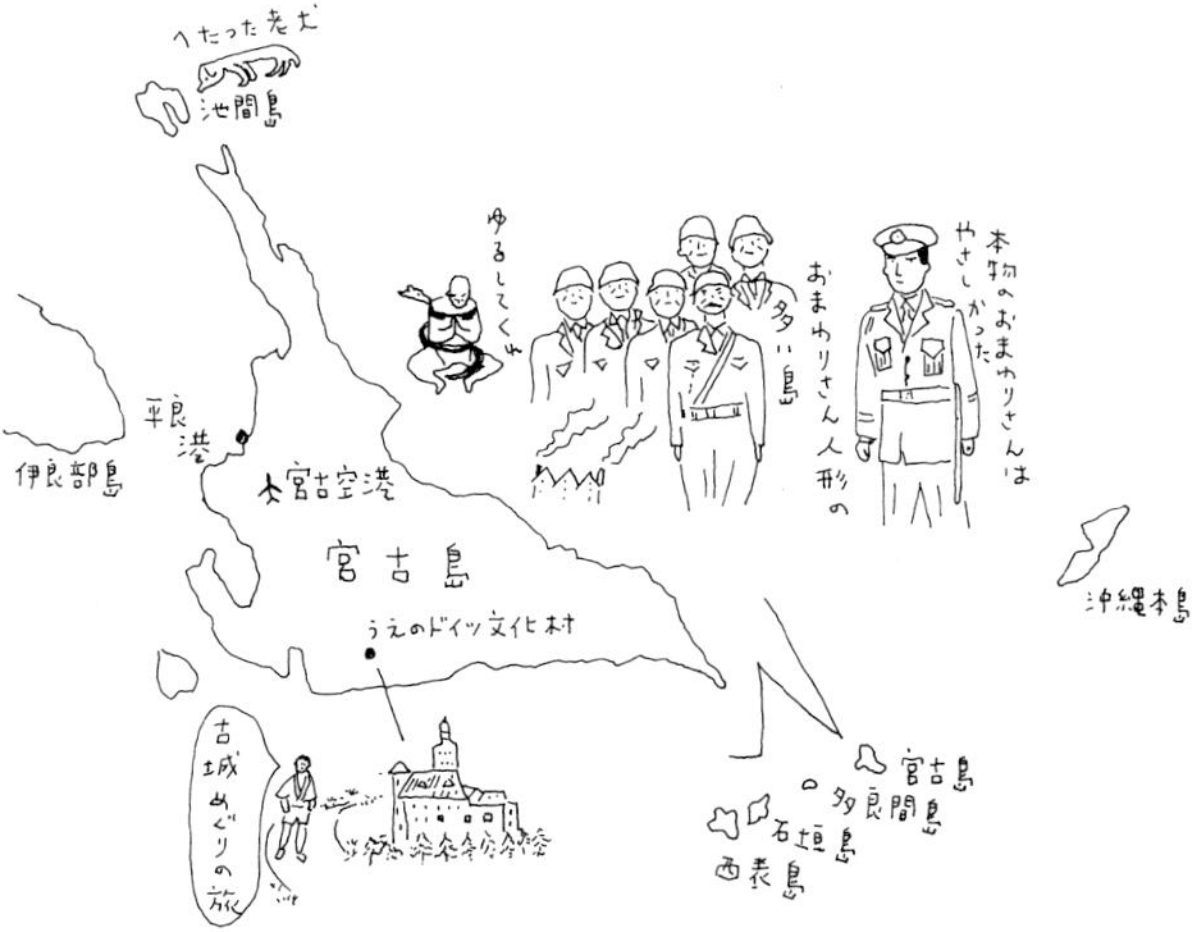

へたった老犬
池間島
伊良部島
平良港
宮古空港
宮古島
ゆるしてくん
本物のおまわりさんは
やさしかった
おまわりさん人形の
多い島
沖縄本島
うえのドイツ文化村
古城めぐりの旅
宮古島
多良間島
石垣島
西表島

宮古島はこれで五度目ぐらいであろうか。三年おきぐらいにやってくるので、印象がいつも違う。考えてみると泊まる宿もそのたびに違っていた。今回の「ホテル・ブリーズ・ベイ・マリーナ」も初めての宿だ。大きなリゾートホテルである。近くにドイツ村があり、ドイツ風の建物がいっぱい建っているので、窓から外を眺めるとすっかりドイツにきたみたいだ。しかしそれにしてもどうしてこんな南の島でドイツなのだ?

長崎がオランダで志摩がスペインだからここがドイツなのだ! と言われると「そうでしたか」と引きさがるしかないかもしれない。「しかしまあ、どうでもいいか」と言いつつ外に出ると、道の端にダンプカーがとまっており、その荷台の後ろの陽かげを利用してファミリーらしき数人がチャブ台を囲んで食事をしていた。どうしてダンプの後ろで一家がチャブ台を囲んでめしを食っているのだ? 宮古島はナゾが多いのだ。

食べているのはソーメンであった。おそるおそる近寄っていくと「どうですか。食べていきませんか」とおばさんが笑って手まねきしてくれた。南島の人はたいていみんなおおらかで親切で気持ちがいい。遠慮せずにいただいた。ちょうど腹が減っていたのである。おばさんのまわりに男衆が五人。

正しい犬と妖しいネコ

ソーメンのタレがちょっと変わっていた。出汁(だし)に缶詰のサバと味噌をいれている。宮古島独特のものらしい。やや下品でもあるがコクがあってじっくりとうまい。

今はサトウキビの刈り取りの季節で、連日朝からその仕事をしているらしい。ダンプカーはそのサトウキビを運ぶためのものであり、荷台を日除(ひよ)けに使っていたのであった。刈り取るサトウキビは、そのダンプカーに一日一杯。たいていどの家も親類の人々に集まってもらってみんなでやるそうだが、朝八時から夕方までかかるそうだ。きつい仕事だから一日五食。そのソーメンは三時のおやつがわりなのであった。

刈り取りは今は機械でやっているところが多いが、機械でやるとサトウキビが潰れてしまってよくないからと未だに手でやっている人もいるという。でも、機械は百人力なのでいちど機械でやってしまうと手刈りには戻れないともいう。なるほどしばらくその作業をみていたが、大変な重労働である。飼い犬がうれしそうにみんなの周りをうろついている。仕事しているニンゲンは大変だが島の犬はこうして一日中飼い主の周りをあっちこっち走りまわれるからきっとシアワセな筈である。「そうだろ！」と聞いたら「ウン！」と言った。やっぱり「ワン！」だったかな？　字が似ているぞ。

途中道端で見つけた熱帯植物園の看板にひかれて行ってみると入り口の脇のハイビ

スカスの花の下に美人のネコがイロっぽくよこたわっていたのでそのままうごかないでいてくださいね、と言って一枚写真を撮らせてもらった。

植物園を一回りした。なるほどいろんな熱帯植物があってその名が札に書いてあるが、それだけなのでどうもあっけない。できれば植物の説明が少しほしい。知らない植物ばかりなので、その名前を確認して歩いてもあまりおもしろくないのだ。《この木は「カケノボリ科のアタフタ樹」といって夜になるとしばしば走り回る》などと書いてあったら、もう一度夜中に来たくなるじゃないですか。一回りして出たところに生ジュースの販売所がある。入園料は無料なのでどうもそこを素通りできない感じになっている。なあるほど、そういう訳だったのか。観念してグアバジュースを注文した。

このあたり、途中に「宮古島ドーム」と書いた直径六メートルくらいの、そう言われればたしかにドーム型の建物があったり（中を覗いたが用途不明）、なんだかやたらと顔の状態の濃いお巡りさん人形があっちこっちに立っていたりで、どうもたいへん怪しい気配がする。道にはひっきりなしにサトウキビ満載のダンプカーが走っていく。

小学校の近くでずーっと起立状態の正しい態度のお巡りさん人形とまた会ったので

学校帰りの子供たちと記念撮影をした。この日本独特のお巡りさん人形の立っている地域は大抵平和なようである。お巡りさん人形が立っているから平和なのか、平和だからこれが無傷で立っているのかそこのところはわからない。表示を見ると地元の建設会社が寄付で立てているようだ。

ひところよりはだいぶ減ってきたようにも思うが、それでも地方を旅していると突然薄暗い路上にまだこの直立不動のお巡りさん人形と出会うことがある。しかしこのお巡りさん人形、世界の〝街角人形〟のなかでもまことに珍妙珍奇と言わざるをえないものだと思う。このお巡りさん人形を見て、これから行おう、と思っていたことをたちまち反省し、家へ帰って小便してすぐさま寝てしまう、というようなケースが果たしてどのくらいあるのであろうか。『手記・お巡りさん人形を見て悪行から立ち直れた私』などという本が出ていたら、おしえていただきたい。

土地によっては人形を作るところまで予算が足りなかったのか、平べったい立て看板に等身大の警察官の写真や絵を貼り付けただけの「手抜きお巡りさん」もある。いくらド近眼の酔っぱらいでもそれが本物の警官ではないことはすぐわかるだろう。

日本だけに通用するこの楽しい楽しいお巡りさん人形のある島を正しい心でさらに進んでいくと、サトウキビをはこぶダンプが次々に入っていくところがあった。大きい煙突から沢山の煙が出ている。サトウキビの製糖工場であった。あの竹のような植物をいったいどうやって砂糖にしていくのか見たいような気がしたので、見学を申し込んだが、きょうは責任者がいないので明日来てくれという返事であった。

　あてがない午後というのもしょうがないもので、そのまま平良（ひらら）市の近くの港にいくと中学生が大勢いた。中学生の群れを見ていてもたいして面白くもないわけだが他に見るものもないのでぼんやり眺めていると、そいつらもみんなしてとりあえずここにやってきたのだが、とくになにもやることがない、という感じである。近くにある北中の二年生であった。

「おーい、ちょっと写真とらせてくれ」

「おじさんはどっから来た？」

「東京だよ」

「えー。ほんとうかよ。まじー」

「おー、吉田あ、東京からだってよー」

　吉田と呼ばれた少年は頭のてっぺんだけ毛のある面白カットをしている。どうやら仲間一番の剽軽（ひょうきん）ものらしい。

「おーし、じゃあおれ飛び込んじゃう」

「まじー」

剽軽吉田はそこらでぼさぼさしていた仲間をつかまえていきなり心中飛び込みした。

ひゃー！　という悲鳴があがる。この岸壁にみんなで部活をさぼってやってきたらしい。こういう健康的な逃げ場所を持っている少年たちはシアワセである。

ヤギの黄金玉で泡盛一杯

夕方、島の繁華街をぶらぶら歩いていたら「カメ、サメ、ヤギ、ウミヘビ」と看板に書いてある店があった。店名はラッキー食堂という。またもや怪しいモノとの遭遇である。狭い坂の途中の目立たないところにあり、看板も小さなものだったが、その内容がやけに目立つ。客の姿はないようだったが、エイヤッと気合を入れて中に入った。

こういうところでないとめったに食べられないから、ヤシガニの姿茹で、ウミヘビの姿スープ、サメの刺身、ヤギの刺身を注文した。

ヤシガニは今は旬ではないのでどうも肉がスカスカで失敗。ウミヘビはハブの七十倍の毒があるというエラブウミヘビで、これは以前にもスープを呑んだことがある。こってりしていてじつに悪辣に効きそうである。店の主人はトグロをまいたそいつをまず見せてくれた。地中海料理店などでよくある、料理の前に「これこのとおりイキのいいのを使ってますよ」とこれから料理する魚介類などをまるまる見せてくれるあの例のやりかたである。

　ウミヘビはもうお亡くなりになっていて、イキがいいのかどうかわからないが、この場合はイキが悪いほうが有り難い気がする。

　間もなく刺身が出てきた。サメの刺身は少々水っぽい味であまりうまくない。意外にやるのがヤギの黄金玉(キンタマ)の刺身であった。これをニンニクショーガ醬油で食べる。薄くスライスされているが、もとの形はピンポン玉ぐらいのものであろうか。乳白色をしていて口にふくむとねっとりしていていかにも「タマ」的なる味である。濃厚タンパク質のかたまりという表現もできる。トモグイの切なさはあまりない。

　以前、モンゴルで馬の去勢を見たことがある。走っている馬をいきなり引き倒し、足を縛って「あっあっなにすんだ！」と馬があせっているうちにいきなりナイフで袋を引き裂き、ベリバリボリと玉を引き千切ってしまった。麻酔もクソもない。馬は苦しまぎれにボスボスおならなんかして怒っているが、あっと言う間の勝負であった。いかにもひどい話で、同性の者のみが感じうる果てしない痛みの共感と悲しみがあった。馬の玉は銀色でマンゴーのような形をしていた。あの玉も食ったら同じような濃厚タンパクの味がするのであろうか。この店にはさらに馬のタテガミの刺身やウツボの煮つけ、ウミガメ汁などがある。まあ要するにゲテモノ屋である。店主は宮古島のすぐ近くにある多良間（たらま）島の出身で、馬関係を除き、これらの料理は島でよく食べているものらしい。

お客さんが一人やってきた。なんとなく話が始まり、その人は島で泡盛を造っているということが分かった。その店で呑んでいた「菊之露」である。「ヤギの黄金玉によくあう泡盛ですねえ」と言ったら「ひゃあそーですかあ⁉」などと言っていた。

その縁で、翌日「菊之露酒造」に行き、工場の中を見せてもらった。本土の多くの人は泡盛を焼酎と間違えていて、その度に「違うのだ」とぼくはやや怒（イカ）るのだが、では実際にどう違うのかというと、どうもその違いを正確に言うことができず、もどかしい思いをしていた。丁度いいので工場見学をしてこの目でしっかり学習しておくことにした。

工場は町の中にあった。宮古島には酒造会社が七社ある。ここは創業六十五年というからなかなかの老舗（しにせ）である。沖縄の人は殆ど泡盛を呑む。本島やその他の島を合わせると物凄い数の泡盛が造られているが、近頃は水のいい離島のものに人気が集まっているそうだ。日本酒でいうところの杜氏（とうじ）（酒づくりの長）を紹介してもらった。この道五十年という。

泡盛の原料は南方硬質米であるタイ米を使う。これを水に漬けて洗い、蒸して熟成、水と酵母を加えて発酵させる。うーむ、そうするとこれはすなわち日本酒と同じ工程である。違うのは黒麹で発酵させること。モロミを沖縄独特の単式蒸留機に入れて火熱を加えて蒸留する。これが泡盛独特の味と香りを作る。どうも途中まで醸造酒である日本酒の造りかたに似ており、途中から蒸留酒になってしまうのでじつはこのへんがムズカシかったのだがこれでやっと分かってきたぞ。ぼくは日本酒よりも泡盛のほうがずっとうまいと思うし好きである。

麹室（こうじむろ）では男たちが木製のシャベルのようなもので蒸した米に麹菌を仕込んでいるところであった。均等に混ざるように何度もくりかえしている。みんな上半身裸で短パンひとつ。工場の中は一年中同じ温度に安定させてあるのでかれらの服装は一年中この恰好だという。静かに黙々とその仕事を続けていく。慣れている人ほど動きに無駄がないそうだ。

工場の出荷倉庫の前で出来立ての泡盛をご馳走になった。六十度であった。クウーンと泡盛の香りが鼻孔を刺激し、燃えるように熱いやつが喉をとおり抜けていく。本日風はなく空は高曇り。このままぐびぐびやっているとじっくり酔っていきそうだ。

泡盛の工場を見せてもらい、泡盛のできるまでがわかったから今度はサトウキビの工場を見学したくなった。電話すると工場長の許可が下りたというので早速かけつけた。

一日二百十トンの砂糖ができる

工場は遠くから見ても大きかったが、近くで見るともっと大きい。煙突から力強く噴き出ている煙はサトウキビを煮ているようであるが、なんだかその煙が早くも甘いような気がする。

ダンプカーが次々に走りこんでくる。積み荷は刈り取ったばかりのサトウキビである。ダンプカーごと正味の重さとサトウキビの糖度が測られる。ダンプカーの秤（はかり）というのは面白い。まず全体の量を巨大な秤で素早く計量し、満載されたサトウキビを下ろした後にもう一度その秤に載ると、風袋を除いた正味の量が正確に測れるという簡単な仕組みだが、これを考えた人々はエライなあ、と単純に感心した。そのようにして集荷所にどどっとあけられたサトウキビは、すでに物凄い量になっている。その上を巨大なレール付きのクレーンが動き回り、怪獣の爪を思わせる、巨大なワシ掴（づか）み装置によって膨大な数量のサトウキビは一気に空中に持ち上げられ、ベルトコンベアー式の処理システムの中にどんどん投じられていく。工場長にその作業を見せてもらいながら進んでいく。

まず巨大なカッターでサトウキビを細かく切りそろえ、そのあと巨大なシュレッダーにかけて粉砕し、おお！　と思っているうちに圧縮。わあ！　と思っているうちにはやくもこの段階で濃厚な糖汁が出てくる。そいつを八十五度まで温めて石灰を投入し、網で不純物を濾過。次に百十度まで温め、不純物を沈殿化。残ったのを四段階にわけて煮沸し、濃縮化させていく。この濃縮された糖汁がほとばしり流れていくさまを見ることができるが、もうはっきりと甘い甘い甘い匂いが濃厚に漂っているのがわかる。むせかえるような甘い匂いである。糖尿病の人がかいだら裸足で逃げていきたくなるような匂いだろう。

やがてそれを遠心分離器にかけて結晶と糖蜜に分離していく。ここまで約二十時間である。ぼくはそれまでサトウキビからは黒砂糖ができるのだろうと思い込んでいたのだが、れっきとした高級白砂糖ができるのである。見学するまで間違って認識していたのだが、これも発作的社会勉強のおかげである。

ここでは一日二千トンのサトウキビが処理され、約二百十トンの原料糖が作られるという。しかしこの工場の稼働期間はサトウキビの刈り取られる二ヵ月間だけである。工場をぐるっと歩き回っているうちに濃厚な甘さの波状攻撃で頭がクラクラしてきた。

これはもうどうあっても生ビールを呑まないとこの日の人生がつらいものになる。ふらふらと繁華街を歩き回り、生ビールとカツオの刺身、というヨロコビの看板を見つけ嬉しさのあまり頭をクラクラさせてそこにとびこんだ。生ビールを注文し、カツオの刺身を注文すると、「今、ちょうど最後のカツオが出たとこです」というつれない返事が返ってきた。なんてこった。再び頭がクラクラしてきた。島にきて初ガツオがとれだしていると聞き、それを食うのを人知れずその日のヒソカな目標にしてきたのだ。ほかの店に行ってみるか、と思ったがもう座ってビールをのんでしまった。まだ明日があるからと諦めて別のものを注文した。

隣の席に島の男たちが数人呑んでいる。宮古には〝オトーリ〟があるからみんな豪快なのみっぷりだ。オトーリというのは、簡単にいうと全員参加の強制的回し呑みである。泡盛を杯についでみんなで呑んでいく。

〝親〟という役割があって、この親がまず挨拶のスピーチをする。そのスピーチも長からず短からず、適当にユーモラスで適当に感動と情感があり、気合が入っているべし、という言われてみればこれはなかなか難しい注文なのである。

親が挨拶のスピーチをし、乾盃でシメルとみんなでぐびぐびと呑んでいく。その後すぐに親は隣の人にうつり、以下同じようにして座をぐるぐる回って果てしなく杯を重ねていく、というつまりはまあ酒のみデスマッチなのである。

昔は三十度とか四十度といった泡盛をストレートでやっていたというが、それではさすがに死屍累々（ししるいるい）ということになってしまうので、最近では水で割って薄めたものを回している。

その酒場の壁にあらかじめアルコール濃度十パーセントの水割りにしてある泡盛の広告が貼ってあった。要するに〝オトーリ〟専用の泡盛というわけである。

このオトーリは対人関係の円滑化や、軋轢（あつれき）の解消などに役にたち、個々のスピーチが上手になるというメリットがある。しかしその反面、それによって喧嘩が多くなったり、ヨッパライ運転による交通事故なども誘発するというのでやめる方向にいこう、という動きもある。そこであるとき島のお偉方によるオトーリをやめるための集会がひらかれた。各自それぞれの立場からオトーリの是非を問う意見が述べられる。日頃オトーリで鍛えているから島の長老たちの弁舌はさわやかである。様々な意見が出て丁々発止とやっているうちに、気がつくとその場もいつしか〝オトーリ〟になっていた、という大いに〝笑える〟本当の話があるそうだ。そんな話を聞きながらぼくもいつしかビールを泡盛に変え、じわじわと島の熱気のなかで杯を重ね真剣に酔っていった。

ナマリブシだよ人生は

朝から激しい雨が降っていた。ホテルの窓から隣接しているドイツ村の巨大なドイツ風のお城が見える。南の島だが、このように激しい雨が降っているとあたりの風景全体が湿って沈み、いくらかドイツ風になる。しかしそれだけの話で、やっぱりこの南の島のいきなりのドイツというのがなんだかわからない。

ホテルにあったパンフレットを見ると、一八七三年にこの宮古島の近くでドイツの船が難破し、酷い状態になっていたとき、島の人々が救出や看護に力をつくしてくれて、以来ドイツのその関係者と親睦を深めるようになったのだと書いてあった。ドイツ村はその親睦のひとつの現れで「博愛」をテーマにしている。うーむなるほどそうであったのか。いきなりわけもわからず〝ドイツ〟ということでもなかったのだ。

話はすこし後のことになるが、島から帰る時、空港近くの大きな書店でいかにも手作りっぽい薄い本を見つけた。『ドイツ商船R・J・ロベルトソン号宮古島漂着記』（エドワード・ヘルンツハイム著／上野村役場発行）である。もともと僕は航海記漂流記ものが好きで、これまで様々なそのジャンルの本を読んできたのだが、これはいきなり初めて出会った一冊であった。なんとも魅力的なタイトルのこの本をすぐさま喜びつつ購入。東京へ向かう飛行機の中でたちまち読んでしまった。まさしくこの本はホテルのパンフレットにあった、宮古島でのドイツ遭難船の出来事をくわしく綴ったものである。

著者は漂着したロベルトソン号の船長その人で、中国を出航したのち嵐に遭遇、宮古島まで流され遭難していく様が詳しく語られている。当時のドイツ人から見たら宮古島は名もない東洋の、未開に近い島の一つであったようだ。島の人に救助されたあとの生活ぶりなどは当時の西欧人の目で見た日本の離島文化を活き活き描いていて、たいへん面白かった。

さて、しかしとりあえずわが目の前の雨は一向に降りやまぬ。こんな日は部屋で本でも読んでいるのもいいのだが、昨日まで泡盛やサトウキビの工場の見学を立て続けにしていたので、どうも社会勉強的向学心がついてしまい、どこかに見学にいきたくてたまらない。

地図を見ていると、島の北西の外れのほうに池間(いけま)島という橋でつながった小さな島があり、そこにカツオブシ工場があると書いてある。ようし、これだ。昔から「カツオブシ命」の人生を送ってきた。そのわりにはカツオブシをどのように作るのか知らずにいる。丁度いいではないか。雨降りだから書を捨ててカツオブシを見にいこう！

そのチビ島も雨の中に沈んでいた。長さ千四百二十五メートルという立派な橋を渡っていくと左の海岸に風力発電の大きなプロペラが見えた。風も強いから景気よく回っている。橋の下を見るときれいな海が広がっている。晴れていたらここからの眺めは素晴らしいだろう。

島の人口八百十七人とガイド書にあったが、あまり人の姿はなかった。ぐるりと一回りしてやっと「丸満（まるみつ）鰹節工場」を見つけた。

なんとなく廃墟を連想させる工場の奥に社長がいた。包丁を持って冷凍のカツオをさばいている。カツオも陸揚げされてぴかぴか光っているような風景はイキがよくていいが、冷凍されていた首なしのカツオがいくつもころがっているのはなんだかどうも陰気である。全体に生臭い空気が漂いそぼ降る雨がさらに侘（わび）しい。

聞けば、今はカツオのシーズンではないので冷凍カツオでナマリブシを作っているのだそうである。ナマリブシの作りかたを教えてもらった。

①半身もしくは四分の一におろしたカツオを大釜で七十五度から七十八度ぐらいの温

度で一時間半ほど茹でる。（熱すぎると肉が割れてしまうしぬるすぎると身がしまらない）

②茹でたのを骨抜きする。

③小屋で燻（いぶ）す。

④取り出して二、三時間干す。

⑤秘伝のタレをつけて五時間ほど煮て味付けして出来上がり。ここまでくるとカツオは三分の一ぐらいにまでちぢんでしまうそうだ。

カツオの干し場に犬が一匹、いかにも「へたりました」というあんばいで海の方を見て〝へたって〟いた。相当な老犬のようで近寄っていっても軽く首をもたげるだけである。工場の外にはなおも静かに密度の濃い雨が降り注ぐ。この老境を迎えた犬が今考えていることは一体なんだろう、などということをフト考える。犬も自分の一生、ということを考えることがあるのだろうか。

車がやってきて数人の男女が降りた。ナマリブシとハラコを買いにきたのだという。

「ここのはおいしいんですよ」と若い女性がおしえてくれた。

橋のたもとには土産物屋が並んでいる。こんな雨の日にも観光客はやってくる。しかし島にきてもこの雨ではとりあえず何もやることはないらしく、あとは土産物屋を覗くだけらしい。

　カツオブシ、ナマリブシ、ウミブドウ、もずく、アーサー（海藻）、島ラッキョウ、黒糖、などを売っている。アーサーと黒糖を買った。

　見学旅としてはナマリブシだけではなんとなく物足りない思いがするので、さっき見た風力発電の巨大なプロペラのところへ行ってみた。もしできるのならばその中を見学させてもらって風から電力のできるまで、というのを社会学習したいと思ったのだが、どこを見ても人の気配というものはなかった。風力発電は見事に無人化されていたのだ。

　仕方がないので食堂に寄って宮古そばを食べつつ電話帳をパラパラやっていると三線を作っている工場があることを知った。ようしこれだこれだ。沖縄の島言葉で三線というのは蛇の皮をはった三味線＝蛇皮線のことである。

　道を尋ねていくと、綺麗な白い花が家の壁から屋根まで覆っている〝花の館〟のようなたたずまいの家を見つけた。清楚なかんじのおかあさんとその子供が車から降りてきたのでその花をバックに写真を撮らせてもらった。こういう美しい家の中を見学させてもらいたいなあ、と思ったがいきなりではやっぱりまずいだろう。その親子に聞くと、目指す蛇皮線の工場はすぐ近くであった。

ニシキヘビの楽器

空き地と畑に囲まれたなかに目指す「宮古木工芸」があった。本体は普通の木工所で、三線を作っているのはその工場の一部のようである。突然入っていったので作業をしている何人かの男にギロリと睨まれてしまった。

木のソファや机などを作っている。家具も南の島のそれは内地のものとどことなく違う。ソファなどはいかにも昼寝に具合のよさそうなデザインだった。その職人さんの一人に発作的見学旅の訳を話し、とりついでもらった。

社長の與儀栄功さんが出てきた。三線を作って三十二年のやっぱり「この道一筋」のヒトであった。三線弾きでもあり、民謡研究所を主宰してその指導もしている。

いかにもパワーのありそうな電動糸鋸のような機械のまわりに切り取ったばかりの三線の軸がいくつも転がっている。

挨拶したあとその作業をしばらく見せてもらった。転がっている軸を手にしたらそれが実にずしりと硬く重かった。同じくらいの木のざっと三倍ぐらいの重さがある。

「それはねえテツボクというんですよ」

「あの鉄のテツでしょうか？」

「たぶんそうでしょう。密度が異常に濃くて水にいれると沈んでしまいます。原産地はニューギニアで、日本には無い特殊な木ですね」

社長の仕事台の後ろの棚に電動ノコギリで切った後のいろいろな形をした鉄木(テツボク)があった。持ってみると本当にずしりと重い。木というよりも金属と鉱物があわさったような感触である。これを真四角に切ったものをひょいと渡されたりしたら木とはとても思えないだろう。いやはや世界にはいろんな不思議な木があるものだ。こんな木で木刀でも作ったら牛でも撲殺できそうである。

鉄木はニューギニアだけでなく東南アジアの熱帯雨林地域でかなり産出されているらしい。ボルネオでは典型的なロングハウス（数十家族が共同生活をする原始的な高床式の大型長屋）が大昔から今日まで変わらぬ構造でつくられているが、その親柱となっているのが鉄木である。他の木材に比べると鉄木はちょうど近代建築の鉄骨の役目を果たしているようだ。老朽化したロングハウスを解体し引っ越しをするときなども、親柱である鉄木はそのまま新しいロングハウスの支柱にするためにそっくり運んでいくのだという。

宮古島はいま再び三線ブームで注文も相次いでいるようだ。けれど早くても一日ヒトサオを作るのがやっと。値段は十万から三十万円くらいという。

「けっこうなネダンなんですね」

「津軽三味線などから較べたら安いものですよ」

與儀さんが作っている三線はそれぞれ弾く人にとって一番使いやすいものにすること、というのをモットーにしている。宮古島で三線を作っているのは二箇所。もうひとつは老人が一人で作っているので出来上がるのに大分時間がかかっているようだ。普通の三味線はネコの皮を使うが、沖縄や八重山(やえやま)の三線はヘビの皮を使う。ここで使っているニシキヘビの皮を見せてもらった。

丸められていたそれをくるくるひらいてみるといやはやこいつが大きい。ざっと六メートルはあるだろうか。ぷんと生臭いヘビの臭いがあたりに漂う。南の島ジャングルの中でこういうものを見るとなんだか島のどこか湿ったあたりにこんなのがひそんでいるような気になるだろう。

「この六メートルのニシキヘビでどのくらいの三線ができるんですか？」

「表と裏に張るので五サオぐらいですね」

案外少ししか作れないのだ。

「皮の厚さをみてください。ヘビは獲物を尻尾で巻き付けて絞め殺しにかかるので尻尾のほうが皮が硬く、頭のほうが柔らかいんです」

なるほど触ってみるとよくわかるし、透かしてみると一目瞭然というやつだ。三線に使っていいのは音のよく響く柔らかいほうである。

皮の模様をつくづく眺めたがよく見ると実に美しい。このヘビ模様というやつは当然ながらヘビ特有で、これまで度々見たのだが、このように丸い胴体を広げて、ようするに一匹まるごとの展開図のようにして見たのは初めてである。こうするとヘビ模様の美しさがきわだってくるようだ。

昔のアメリカ映画に『鹿皮服の男』というのがあった。このような皮でスーツをつくりニシキヘビの男などというのになったら随分目立つだろうな、こういうのをヤクザが着たらいいではないかな、などとろくでもないことを考えているうちに当初聞こうと思っていたヘビ皮の値段のことをすっかり忘れてしまった。それにしてもよくまあこんなに大きなニシキヘビの皮を剝ぐものだ。輸入先は東南アジアであるという。皮を剝いで肉は食用にするらしい。

「ナショナルジオグラフィック」にニシキヘビを捕る話が出ていて、人間がタイマツを持って穴ぐらの中にもぐり込んでいく。ヘビは火をこわがるので、穴の奥にもぐり込んで怯（ひる）んでいるが、捕獲人が焦ってタイマツを落としてしまったりその火の力が弱くなったりしたら脅えたヘビに食われてしまう危険がある。まさに命懸けの捕獲作戦なのであった。

出来上がった三線で與儀さんに一曲弾いてもらいたいと思ったが、いきなり来てこれ以上いろんなことを言って仕事の邪魔をしているとしまいには怒られてしまうかもしれないので退散した。街へ行けば民謡酒場があっちこっちにあっていろんな島の歌や踊りを三線の弾き語りで楽しめる、というので夜はそっちのほうを〝見学〟することにした。

民謡酒場の夜はふけて

適当に出会った店に入って夕食にした。島の居酒屋は大体どこも似たりよったりで、カウンターがあって奥に座敷。あちこちの宴席から賑やかな声が聞こえる。酒が入った島の人同士の話というのはもうさっぱりわからない。

魚の刺身とソーミンチャンプルーを肴に酒を飲んだ。刺身はともかくソーミンチャンプルーは沖縄や八重山の家庭料理なので、店によって大分味に差がある。この作り方は茹でたソーメンにシーチキンやカツオの缶詰を混ぜて炒めるだけ、というえらく簡単な手順なのでわが自宅でも時々挑戦してみるのだが一度として満足のいくものが出来たことがない。どうも油の使い方にコツがあるようで、つい先日ラードを使って炒めたらいいらしいというハナシを聞いた。

その店のソーミンチャンプルーはうまいようなそうでもないようなどうも困った味のレベルであった。仕上げのめしは磯丼。初めて見るドンブリだがつまりいろんな種類の魚の刺身がドンブリの上にのっている。これもうまいようなそうでもないようなどうも曖昧な味であった。

そんな訳で腹はいっぱいになったが、なんとなく気持ちのどこかが満たされない。そこでさらにそのあたりを歩いていると、狭い細道の飲み屋街の一角に、

「ないちぎゃるくらぶ・わたりだこ」

という少々下品な感じの看板が出ていた。「東京・大阪・北海道・ギャル・ギャル・ギャル」とさらに下品なサブタイトルが出ている。

察するところその店には東京その他の都市からきた若い娘がいる、ということらしい。東京や大阪と並んで、北海道、とあるのがおかしい。南の島の男達には北海道の娘がやっぱり珍しく貴重な存在なのであろうか。

さらに歩いていくと「下地栄芸能館」という看板があった。入り口はモロに怪しいキャバレーの気配である。「団体歓迎」とも書いてある。察するところこれが南

島特有の民謡芸能酒場であるらしい。店は地下にあり、民謡酒場にしては物音もなくなんだか陰気なのが気になるが、ええいままよ、と入っていった。

　地下フロアは思いがけず広く、ほどよくいかがわしく薄暗い。客の姿は見えず、ボックス席にオネーサンが三、四人じつに果てしなく暇そうに座っていた。フロアの正面に小さな舞台があり、やはりこれが噂の民謡酒場であるらしい。

　オネーサンたちがいっぺんに三人ぼくの席にやってきた。近くで見ると大分長いことオネーサンをやっているようで、オネーサンになってから三、四十年くらいのオネーサンもいる。

　泡盛の水割りを飲んだ。泡盛は生のままグイとやるのが好きなのだが、グラスと氷とチェイサーが出てきてしまったのでそれらを使わないと申し訳ない気がして、洋酒ふうにした。三人の超ベテランオネーサンはケイコさん、シゲコさん、アツコさんといってみんな宮古島の出身であるという。

　やがてオーナーの下地栄さんとその奥さんが着物姿で出てきた。「さあ今日は店の入り口を閉めましたから朝まで歌って踊っていってくださいよー」と何だか聞き様によってはオソロシイようなことをいうのだ。すぐに舞台にあがって景気よく島の民謡が始まった。ケイコオネーサンが太鼓をたたく。この太鼓がまことにメリハりよく景気がいい。下地さん夫婦の三線のバチさばきも素晴らしい。思えばあのニシキヘビの皮がこんなにいい音になっているのである。

アツコさん、シゲコさんもカチャーシを踊りだした。なんだかアサハラショーコーみたいなお面をつけている。興がのってくると客も一緒になって踊りだすことがよくあるらしい。沖縄や八重山にはこういう民謡酒場が沢山あり、午前二時、三時までみんなで踊りまくっているという。まあいってみればディスコである。都会にディスコが流行りだすずっと前から南の島の人々はそういう酒と踊りの宴を夜な夜なやっていたのである。

一時間ほどそんな南の民謡に触れ、くたびれたのでもう帰ります、というとすぐに帰してくれた。外に出るとまだ耳元にさっきの民謡の三線と太鼓の音が陽気に残っている。しばらく夜風に吹かれてそのあたりを歩き、通りでタクシーをつかまえて宿に帰った。

島は盛り場を離れて五分もするとたちまち暗くなってしまう。道の左右にすっかり刈られて平らになったのと、まだ刈り取られていないサトウキビ畑が続いていく。時々交差点に立っている人影は、あのお巡りさんの人形である。窓から入り込んでくる夜風が泡盛の酔いにここちいい。

美人猫がいたのでハイビスカスの花の前でとりあえず悩殺ポーズをとってもらった。「一枚だけよ」と言われてしまった。

ダンプカーの荷台を日除けにしてチャブ台を囲んでいるファミリーふうを発見。犬も参加している。ソーメンをサバダレで食べていた。このへんの食べ方であるという。うまいのである。

左頁―全島いたるところに顔面造作の濃い、とくにくちびるに強い意志を感じるこの南島仕様の直立お巡りさん人形が立っていて、島の正義と平和を守っているのであった。

一方通行につき
進入禁止

ひまなのでポコポコ海岸べりを歩いていくと、やっぱりひまな中学生がいた。ひまなので何かしてくれないかと頼んだら宮古民謡手おどり飛び込みというウルトラ技を見せてくれた。

ヒマな中学生のカタマリ。みんな部活をサボってきたという。なかなかその考え方がよろしい——とヒマなおじさんはほめてあげた。

島旅のヨロコビをひとことで写真表現するとこういうものになる。

d a e b f c

いずれ劣らず懲りない媚びない南のあやしいやつら。
a―イカスミ汁。
b―エラブウミヘビ。毒をとらずに調理すると毒自体は消え、精力がつくという。
c・e―ヤギの黄金玉はスライスして刺身で食べる。
d―ヤシガニの姿茹で。時期が悪かったのか、これは肉がスカスカであまりうまくなかった。
f―エキスが出たウミヘビの姿スープ。昔は結核もこれで治したという。

島から島への流れもののタコが集っているのだろう。人気があるのがトーキョー、オーサカ、ホッカイドーの娘らしい。

工場いっぱいに泡盛の匂いが充満している。いい匂いである。作っている人々はみんな無口だ。部屋の隅からカセットテープの沖縄民謡が流れている。民謡を聞かせていると発酵がよくすすみ、うまい泡盛になるという。

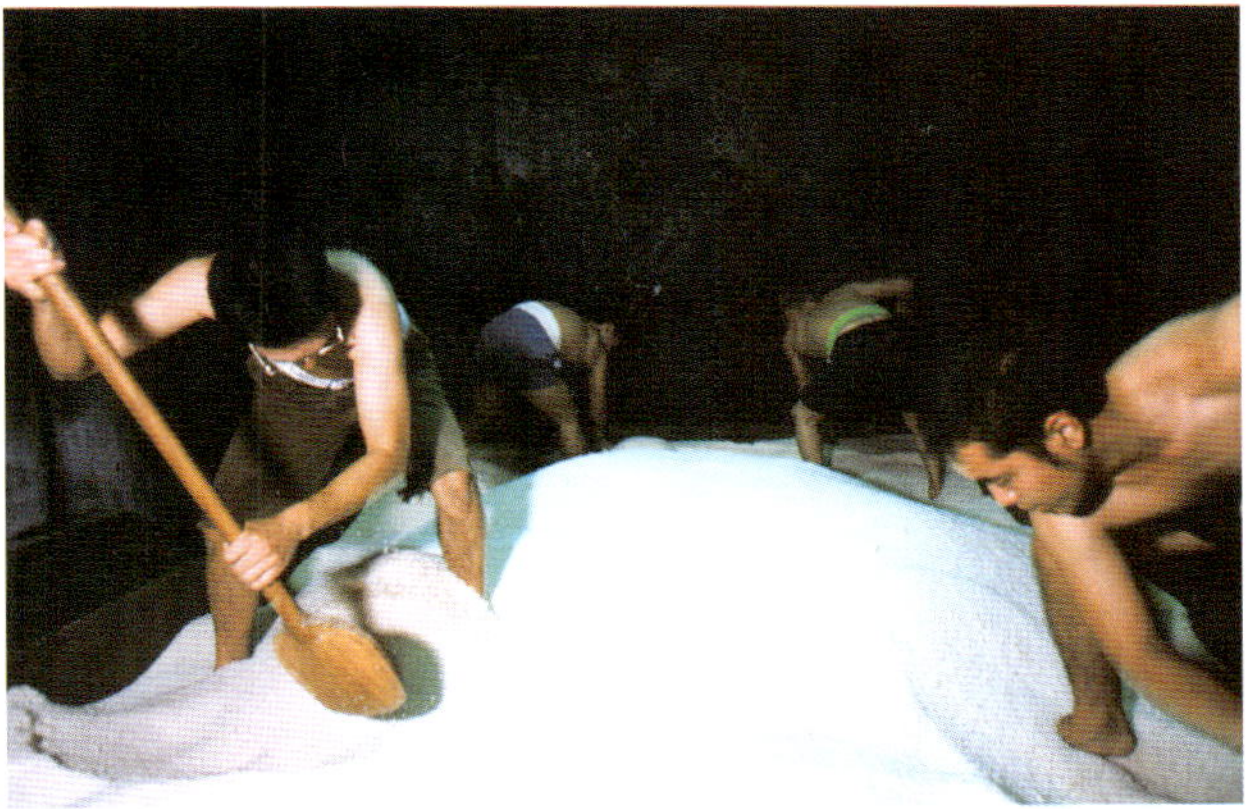

黙々とタイ米と麹をまぜあわせる男たち。酒のみから見るとつくづくウックシイ風景でもある。激しい肉体労働なので沢山の汗もここにまざり込むのだろう。しかし、それも重要な発酵促進のひとつとなるのだろう。

このニシキヘビの皮で蛇皮線が五、六棹できる。全面展開したニシキヘビの皮模様が美しい。獲物にまきつく尾の方が圧倒的に皮が厚い。蛇皮線の材料としては柔かい頭の方の皮が重宝される。

いずれもつわものの、オネーサン歴三、四十年のベテランオネーサンが歓待してくれた。島の酒場はとにかくにぎやかで、客も一緒に何時間も踊ることがあるという。この日はややオビエテ、まあ見物しているだけにした。

池間島でこれまでのさして目的もなかった日々をふりかえる老犬と会った。外は雨。わが旅もさして目的はないのだ。この老犬と同じようにぼんやり海を眺めてこれからのことを考えることにした。

南紀逆上
鰹(かつお)鮪(まぐろ)鯨(くじら)
かじかじ日記

新宮
和歌山県

1120
法師山
那智山
632
新宮
くじらのアーチ
那智勝浦町
太地町
めはり寿司
高菜の葉で
くるんである
ローラースケートの
女の子 2人
串本町
フーテンの熊さん
大島
潮岬(本州最南端)

知るも知らぬも橋杭岩

南紀白浜空港をおりたらどしゃぶりの雨だった。空港でレンタカーを借り、激しい雨で道路がけぶって見えるような国道四二号線をひたすら南下した。この雨じゃあどこで何を見るという訳にもいかない。今日は早めに宿に入って温泉につかり、ビールでものみながら本など読んでいるか――などとその日のそれなりの消極的な人生設計をたてていたのだが、一時間ほど走っていくと急に雨がやんでしまった。本来ならありがたいのだが、折角いつにない静かなその日の人生目標をたてたばかりなので、少々とまどった。

着いた所は串本である。目の前に観光名所のようなものが見える。沢山のバスがとまっており、団体の人々がならんで記念撮影をしている。背後に橋杭岩(はしぐいいわ)というのがつらなっており、沢山の観光客はそれを見にきたのだろう。

橋杭岩はなるほどその名のとおり、橋の杭のような岩が一直線にならんでいて、不思議な風景だ。その岩のあちこちに赤いものがいっぱい見える。一瞬、岩のあちこちにへばりついて動き回る一メートルぐらいの大ヒトデの群れか！　と思ったが、よく見ると赤いジャージを着た中学生らしき一団であった。画板をもっているからどうやら近くの学校の生徒たちが海の絵を描きにきているらしい。お土産屋がずらりとならんでいてそっちには観光客がへばりついている。へばりつき場所の多いところなのである。

「むかし弘法大師とあまのじゃくがここで橋をつくる競争をしました――」というような書き出しからはじまるこの橋杭岩のいわれが看板に書いてある。――この岩のつらなりはでっかいあまのじゃくがガニマタ歩行で次々に落としていった糞のアトです。というのはもちろん嘘で、ほんとはもっと教訓めいたことが書いてあった。

その観光広場の前にうどん屋があった。どうもこのところ海べりの旅をしていると妙に「うどん屋」が目につく。昔の日活映画のヒーローは海べにいくと霧笛が俺を呼んでいる、と叫んでいたがこっちはいつも「うどんが俺を呼んでいる」のだ。だから迷わずそこに行った。今日は出発時間が早く何も食べていなかったのだ。

昆布うどん五百五十円にめはり寿司をひとつ。寿司といってもちいさなおにぎり状のもので高菜の葉でくるんである。高菜は大きな葉であり、本当のめはり寿司は赤ん坊の頭くらいのにぎりめしで、むかしきこりが山に入る時とか農作業の時などにもっていった紀伊の国独特のおにぎりだ。あまりにも大きいので、食べる時に口と一緒に大きく目をむいてしまうのでそういう名がついたという。

うどんを食っているあいだに雨はすっかりあがってしまい薄日がさしてきていた。元気が出てきた。さらにクルマを走らせていくと、国道沿いに水産加工工場らしきものがあった。前回の宮古島ひとまわりの旅であちこち工場を見学して歩いたのですっかり見学癖がついてしまったようだ。

白い帽子をかぶったおばさんたちが小さな魚を串に刺している。ウルメイワシの目刺しを作っているのだ。写真を撮らせてもらっていると「どこの取材かね」などと聞かれてしまった。どうやらだいぶ取材慣れしているようである。聞くとここは「おざき」という工場で、和歌山のテレビなどがよく取材にくるらしい。「ここは有名なんだよ。あんたそれできたんじゃないの？」などと言われてしまった。「すいません。ただのとおりがかりの者です」などと言えなくなってしまい、あわててそこらにあった大きな魚の名を聞いたりした。

「これは太刀魚だよ。有名だよ。あんた知らないの」どうもさらにまずくなってしまい素早く退散した。

そこからさらに先にいくと海の向こうに大きな島が見える。あれはなんの島だろう？　と島好きの我が胸を躍らせながら地図を見ると、それがつまりは「ここは串本向かいは大島」の大島なのであった。ああよかった。人に聞かなくてよかった。「有名だよあんた大島も知らないの」とまた言われてしまうところであった。港にフェリーがとまっていてあと十五分ほどで出るという。くだんのいきあたりばったり精神がさわぎだし、それに乗ることにした。

船の中で隣りあわせた島に帰る老人にそれとなく島情報を聞くと、人口は二千人程度。昔、巡航船があったころは遊廓もあってたいそう栄えていたが、今はハマチとタイの養殖をやっているくらいであとは何もないという。

へここは串本向かいは大島　なかをとりもつ巡航船——民謡の最初の一節を思い出した。子供の頃、巡航船というのがジュン子船と聞こえ、ジュン子が乗っている船だとばかり思っていた。そんな船はありませんね。

大島の小さな港に到着してすぐに島をひとまわりする道路を走ったがものの十分ぐらいで山の上のほうの終点に着いてしまった。まもなく本土と橋がつながるそうでその準備の道路工事が行われている。終点まぢかのところで「トルコ記念館」というようなものがあった。トルコ人らしい人形がいる。どうしてこんなところでいきなりトルコなのか。宮古島のドイツのことがあるのできっと何かそれなりの〝いわれ〟があるのだろうと思うのだが、今は何もわからない。

フーテンの熊さんと会った

　串本に戻りその晩はあてずっぽうにうまそうな居酒屋を探して歩いた。けれど多くの港町がそうであるように、串本の町も夜が早く、メインストリートとおぼしき通りは商店の電気も消えて寂しいかぎりだった。

　ようやく暖簾（のれん）に飛び魚の絵がかいてある居酒屋をみつけた。しかし店名が「トッピー」というのだ。なんだか安手のスナックみたいな名前なので一瞬迷ったが、しかし改めて別な店を探すのも面倒だ。

　ええいどうせ一晩の酒、と入ったそこがなかなかよかった。素早く頼んだ鰹と飛び魚の刺身が絶品である。やがて「トッピー」というのはここいらで「飛び魚」のことを言うのだと聞いて納得した。アジフライと飛び魚の子（トビッコ）を丸ごと煮たのも実にうまかった。

　そのうちお客さんといろんな話をかわすようになり、取材にきたということを知ると「折角だから町長をここに呼ぼう」なんていう話になり、すぐに携帯電話などかけている。有り難いような面倒なような困った状態になってしまったが、幸い町長はつかまらなかった。お店のオネーサンが美人揃いである。ママの娘のユウコさんはミス串本だったという。なーるほど。

串本はこのところ不漁続きで低迷しており、かつて二万人いた人口も今では四千人ほども減ってしまっているという。鰹も今年は不漁で浜値も高いそうだ。

翌朝、串本漁港に行ったがすでにセリは終わっていて大きなヒラマサが転がっていた。

漁港の人に聞いたがやっぱり鰹は少なく、今年は飛び魚が多いという。

漁港の駐車場に男たちがたむろしていた。近寄ってみるとトラックの荷台に沢山の衣料品が吊るしてある。どうやら移動販売のクルマのようである。別に誰かが買い物をしている訳ではなく煙草をふかしつつみんなで世間話をしているようであった。

挨拶をして、写真を撮らせてほしい、と頼むと野球帽を被ったややコワモテ風のおとーさんが「撮ったらええがな」と破顔一笑。たちまちこっちもその世間話の中にまざり込んだ。

周りにいた人は地元の漁師で、みんな顔なじみらしい。トラック移動販売のおとーさんの名は熊野操さん。通称「熊さん」である。トラックには「MEN'S SHOP 熊野」と書いてあった。その他にも「危険！　熊がでます」などと書いたステッカーが貼ってある。一緒にいた漁師のひとり原さんが勝手にそんなものを作ってべたべた貼ってしまったのだという。その原さんと並んでいるところを写真に撮らせてもらった。

　熊さんはこの車で九州から北海道まで日本全国を旅している。暑い時は北、寒い時は南。主に港町を拠点にして、商品は男もの、それも中年以上が専門である。なんとなくこいつはモロに〝フーテンの熊さん〟という感じである。

「港の近くの宿に泊まって渡り歩いていくのですか。夜はあちこちの居酒屋で？」

　と聞くと、

「とてもそんなことはできないよ。泊まるのはこの車の中。ちゃんと寝床が作ってある。酒はいろいろあって今は飲まない。酒場にいって宿に泊まっていたらとてもやっていかれないよう。夜はイカ釣りなんかをやっているよ」

　という意外に慎ましい返事がかえってきた。

　熊さんの出身は大阪。おなじように車にいろんな商品を積んで全国をセールスして渡り歩いている人は結構沢山いるという。ただし扱い商品は包丁とか置物とかいろいろで、競合はあまりない。喋っているあいだ熊さんの〝店〟に客はまったく来なかった。全国渡り歩いているが、客は各地に常連がいるようだ。

　勝手に「熊出没」のステッカーを貼っていた原さんは地元の漁師。鰹漁をやっていたが不漁なので鯵やうるめ鰯の網漁に切り換えたばかりなので今は暇なのだという。

周りにいた漁師もみんな気持ちのいい人たちだった。そういえばこの海をめぐる旅をしていて嫌な人にあったことがない。

もっと話をしていたかったが、晴れているうちに潮岬（しおのみさき）にいっておきたかった。海べりの道をどんどんいくと間もなく「本州最南端」と書いてある広い場所に出た。観光バスが沢山止まっており、お遍路さんの姿もある。聞いてみると西国霊場三十三所巡りをしている千葉県野田市からきた一行であった。これから和歌山を一回りして京都にいくのだという。

そこから少し先に潮岬灯台があった。こういう旅をしているとあちこちで沢山の灯台を見る。中に入れる灯台とそうでないのがあって入れない灯台はただ上を眺めて「うーむ」といって帰るだけであるが、ここはぐるぐる階段を登っててっぺんまで登らせてくれる。

よく晴れているのでてっぺんから見る海が見事に丸い。いやはやつくづく丸い。

太地鯨づくしにくらくらする

串本では丘の上の立派なホテルに泊まった。まだ新しいようで、明るくて広いロビーや廊下が清潔である。部屋も都市ホテルのそれと大差ない。唯一違うのは客が殆ど団体であり、しかもその団体が浴衣という、まあつまりはお揃いの寝巻を着て、スリッパペタペタ引きずりながらロビーのシャンデリアの下を歩いていることである。

翌日もよく晴れていた。

クルマでそのまま太地に向かった。約四十分で到着。町の入り口に道路を挟んで大きな鯨のアーチがかかっている。そこに来るまでにも「鯨」「くじら」「クジラ」といろんなクジラ看板が目に入ったが、町に入るとさらにいたるところでこのクジラがらみの看板を見る。一番多いのは「クジラの料理」である。

太地の人口は四千人足らず。熊野灘に面していて、鯨が黒潮にのる漁場に近いので昔から鯨漁の町として知られている。けれど江戸時代初期までは捕鯨といっても死んで漂着した鯨をとる「流れ鯨」あるいはなんらかの原因で打ち上げられている鯨をとる「寄り鯨」などという偶然に左右される鯨とりであった。数十隻の船で水軍に似た船団を組織して鯨を追う「突取漁」をやるようになったのは江戸時代初期から。当時は鯨が一頭とれると七浦が潤う、といわれ一漁期（冬から春）に九十五頭を捕獲した、という記録がある。

明治十一年に子持ちのセミクジラを捕獲して持ちかえる途中、嵐に遭遇して全船が遭難、死者、行方不明百十一人を数え、鯨漁の船、漁具の殆どを失って再起不能となり、太地鯨漁三百年の幕を閉じる。

その後明治三十三年に新宮の資本家が中心となって熊野捕鯨会社が設立され、ノルウェー式の捕鯨砲などを導入した近代捕鯨が始められ太地は再び鯨の町として盛況を見るのである。

「くじらの博物館」の近くに当時の捕鯨船が置いてあり、中に入ることができるが有料。余談だが、日本という国はこういう施設をすぐ有料にする。本当はここにやってくる観光客にもっと分かりやすく鯨のことと鯨の町であることをアピールするためにこういう施設こそ税金を使って無料で開放すべきではないか、といつも思うのだ。こういうケースでは欧米などはたいてい無料であり、コーヒーのサービスがついたりする。日本はアベコベなのだ。

近くで見る捕鯨船はその巨体のわりにはすこぶる機能的、戦闘的にできていてまさに捕鯨の実際は戦闘のようだったのだろうな、と実感する。船の中に当時の捕鯨の写真や船団の解説、鯨の説明などがいろいろ出ていて飽きない。

この町の小学生が研究した「紀州の人の姓の話」が面白い。鯨をとる仕事をしていた人は姓を名乗っていいことになり、その仕事の内容によって姓がいろいろ決まっていったらしい。すなわち「潮見さん＝潮の流れ、スピード、水温を調べる人」「漁野さん＝銛を投げたり船を漕ぐ人」「背古さん＝銛を投げる人」「遠見さん＝鯨を見つける人」「由谷さん＝鯨の油をとる人」「海野さん＝船を漕ぐ人」などとある。

併設されている売店には鯨関係のお土産がずらっと並んでいる。鯨のモツ、骨はぎ、しぐれ煮、コロ（皮）、大和煮、角煮、鯨ジャーキー、タレなどとにかく鯨づくしである。クジララーメンなどというものもある。

そろそろお昼の時間になっていたので、国民宿舎「白鯨」に入り、とりあえず鯨のフルコースというものを食べることにした。名物料理となっているようで、観光客が他にも沢山いる。鯨の保護が国際問題になって久しく、日本も捕鯨を禁止したが、この太地ではまだゴンドウクジラやミンククジラの調査捕鯨がなされており、生の鯨の肉が手に入る。

国民宿舎のロビーで先客が何か文句を言っている。鯨のフルコースを予約していたのだがそれを食べるところが座敷ではなく、食堂であるのが気にいらないようであった。

さて鯨のフルコースである。

尾の身の刺身、脂、内臓（腸、胃袋、肝臓）、ベーコン、皮（コロ）の酢の物などで五千円。毎日これが定食のようになっているらしくおばさんたちの動作が昔の学校の給食配膳のようでワサワサしている。鯨宴会をやろうと考えていたらしいさっきのおとーさんはまだ怒っている。

フルコースの味は懐かしい、の一言につきる。食べおわってから厨房で料理長の平尾正治さんに鯨の肉の塊を見せてもらった。ゴンドウクジラの尾の身一キロで仕入れ値三万円以上。じわじわ値上がりが続いていて昨年は二万五千円であった。ベーコン、背中の脂、はらす、赤身はミンククジラである。

こういう鯨の解体作業は昔は海岸でやっていたが、血が流れて可哀相だという観光客の苦情が多く出て今は解体業者が室内でやっているという。しかし血が流れて可哀相といっているその観光客がこの町に来ると、ぼくと同じようにまず一番に鯨を食べたがるのである。

鯨と目が合った

翌朝早く、太地町立の「くじらの博物館」に行った。自然のままの入り江をうまく使ってたえず外の海水がはいりこんでくる鯨のプールが作られている。そしてそこに生きた本物の鯨が泳いでいるという。

その日もよく晴れていた。開館したばかりでまだ人の姿が見えない。広い海水プールになにか巨大なものが横倒しになってぽつんと浮かんでいた。シャチであった。体長五メートルくらいである。退屈だからなのか横向きになって片目で外の様子を眺めているようであった。目が水面から外に出ている。ぼんやりその目を眺めていたら「プファー」などといきなり啼いた。びっくりした。体が大きいので声もやたらと大きいのである。シャチがこんなに大きな声を出すとは驚いた。その先に激しく水しぶきをあげながら泳いでいる大きな奴がいる。それが目指すゴンドウクジラであった。こいつも五メートルほどある。

そのまわりを飛び跳ねるようにして泳いでいるのはイルカのようであった。これは沢山いる。かれらもしきりに啼きながらぼくのまわりに集まってきた。そうしてみんなしてぼくの前でいきなり大きな口を開けた。どうやら餌をもってきたのかと勘違いしたらしい。

それにしても鯨の口は大きいもんだ。頑丈そうな巨大な歯が見事に等間隔に鋭く生えそろっているのがモロに目の前にある。いい歯である。「プヒュー、なんかくわせろー」と鯨が言っている。うーん困った。なんにも餌はないのだ。しかたがないのでかわりにカメラを向けると、ゴンドウクジラはさっきのシャチと同じように横向きになって目を水面から出し「なんだ餌を持ってきたのじゃないのか。まぎらわしい行動をするなよな」というようなかなり批判的な目つきをした。

すまんすまん。あやまりつつさらにパチリパチリと写真を撮る。なにしろ鯨の目が二メートルぐらいのところにあるのだ。本物の鯨といきなりこんな至近距離で目と目を合わせてしまうとは思いもよらなかった。

さっきのシャチもイルカも交互にやってきてこっちを見てやっぱり口を開けている。あまりそんなふうにいきなりみんなでやってきてみんなで見つめ、口など開けないでほしいのである。焦っていると館長の北洋司さんがやってきていろいろ説明してくれた。

シャチや鯨たちの餌はサバで、一日にシャチ一頭で五十キロぐらい食べるという。イルカが十四キロから十五キロぐらい。このプールではみんなで一日ざっと三百五十キロのサバを食べてしまうという訳だ。

その日の午後、食堂を捜すために町に行き、路地に迷い込んでいると水産加工所のようなところがあり、おばさんたちがタチウオの大きいのを何匹も捌いていた。フトみるとその奥になんだか大きな赤い骨がいくつも転がっている。

どうも鯨の骨のようである。聞くとまさしくそうであった。昨日鯨があがったという話を聞き、その鯨を解体しているところを漁協などにいろいろ聞いていたのだが、どうも要領を得ない。あとでわかったのだが、鯨の取材と聞いてなにか必要以上に神経過敏になっているようで、なかなか教えてくれないようなのであった。こっちは鯨を捕まえたり殺したりして可哀相！　などとにわかにヒューマニストぶるつもりはまったくない。この鯨の町のありのままの様子を見たいだけなのである。

奥で鯨を捌いている老人の手際が見事である。八十歳。鯨捌いて五十年という。ここで鯨を解体したのではなく、まだ肉のついている骨を買ってきてそのまわりの肉をこそげとっているのである。マグロなどでいうナカオチである。しかしナカオチといっても鯨であるからハンパな量ではない。ここではそれをホネハギというそうだ。言葉のとおりの仕事なのである。しかし骨はふとく重いからこそげ落とすのもたいへんな力仕事のようである。

この鯨は昨日あがった四・五メートルのゴンドウクジラであるというがまぢかで見るその皮の下の脂肪の厚さが物凄い。小型鯨のほんの一部分でこうなのだから、昨日、捕鯨船資料館で見た二十メートル、三十メートル級の鯨の解体作業がいかに凄いものであったか、その様子を彷彿させるのである。このゴンドウクジラでもあばら骨の切断はチェーンソーを使い、肉を剝ぐのは鉈（なた）のようなものを使っている。

ホネハギで剝いだ肉はショウガ醬油で食べると大変うまいという。昔は残った最後の骨は粉砕して肥料に使っていたそうだが、今はそこまではやらず、捨ててしまう。

帰りがけ、町のスーパーでうまそうな鯨の生肉を見つけた。なるほどさすが鯨の町である。こんなふうに身近に新鮮な鯨の肉が家庭の夕食に登場するのである。

夕方路地裏探索

たいしたあてもなくカメラをぶら下げて夕方の太地の町を歩いた。雲が切れ、いい光が差し込んできている。大きな通りの向こうに魅力的な路地がいくつもあった。

女の子がふたりローラースケートでその路地から飛び出してきた。その先では男の子が数人なにやらふざけあいながらからまるようにして歩いてくる。すいすいと小気味よく女の子は路地を滑っていく。四つ角がいくつもあるが、自動車はあまり入ってこないようで、まったく自分たちのペースである。なんだかいきなり少し前の時代にタイムスリップしてしまったような風景である。そうなのだった。路地というのは昔は子供のものであった。いま都会の町では子供が遊べる路地はことごとく消滅しているけれど、かつての「子供たちが主役」の路地がここには現存している。

さらに歩いていくと路地いっぱい占領した子供たちの姿があった。いましがたまでなにかの遊びをしていたらしくみんなうっすらと汗ばんでいる。子供らは手に手に紙カップに入ったかき氷やアイスクリームを持ってうまそうに食べている。

自転車に乗った子はそのまま道をふさぐ恰好でかき氷に夢中になっている。学年はばらばらのようで女の子もいる。そのまんまのところを写真に撮った。

「おじさんはなんで写真撮るの？」

少年の一人が聞く。

「うまそうだからさ」

「うまいのが写真でわかるの？」

「そういうふうに撮るんだよ」

近くにそのかき氷を売る店があり、どうやらこのあたりが子供たちのたまり場になっているようであった。駄菓子屋が放課後の子供たちの中心地になるというのも昔とまったく変わっていない。ひとつだけ違っていたのはかき氷が「アイスフラッペ」なんぞという困った名前になっていることであった。

そこからさらに歩いていくと道ぞいの部屋の窓が少しあいていて、その向こうに背筋をしゃんとのばした女の子が本を読んでいた。どうやら午後の家庭学習のようである。

そのあたり路地の端にずっと鉢植えが並んでいる。それぞれの家が趣向をこらして

伝説によれば巨大なあまのじゃくがガニマタ歩行で野糞をしつつ素早く通過したあとがこのような連続岩と化した――なんていう訳はなく、それはぼくが一方的に解釈した話である。

昔どこかで見たような懐かしい
路地があちこちにあった。かき
氷がアイスフラッペなどとろく
でもない呼称に変わってしまっ
たけど、子供らのシアワセ顔は
昔のままだ。

トビウオの勢揃い。トロバコひとつで二千円。おお二千円だと！　しかしどうしたらいいんだというくらいどれも安いのだ。

通りかかった高校生の一人と話していると次々とその同窓生が通りをやってきて、なぜか嬉しくなってついついあちこち手足をふり回してしまうのであった。

右頁—見るからにヤル気にみちたマグロを発見。ヤル気とは当方の今夜の宴会のコトである。

旅する紳士服および紳士用シャツ・パンツ専門店の通称クマさんは、トラックの店で日本中の海べりを走り回る。日本中の漁師さんがお客さんだ。夜はトラックの中に寝床をつくって眠る。

あちこちのマンホールにも鯨がいた。いろんな図案があるのでうっかりとは踏んづけられません。

ホンモノの鯨のベーコンは、ほんわりやわらかくてたっぷりあまい味がした。

クジラが浮上してきて「ナニカ用カ?」と言った（ような気がした）。とくに用はなかったので「コンニチハ」とだけ申しあげた。

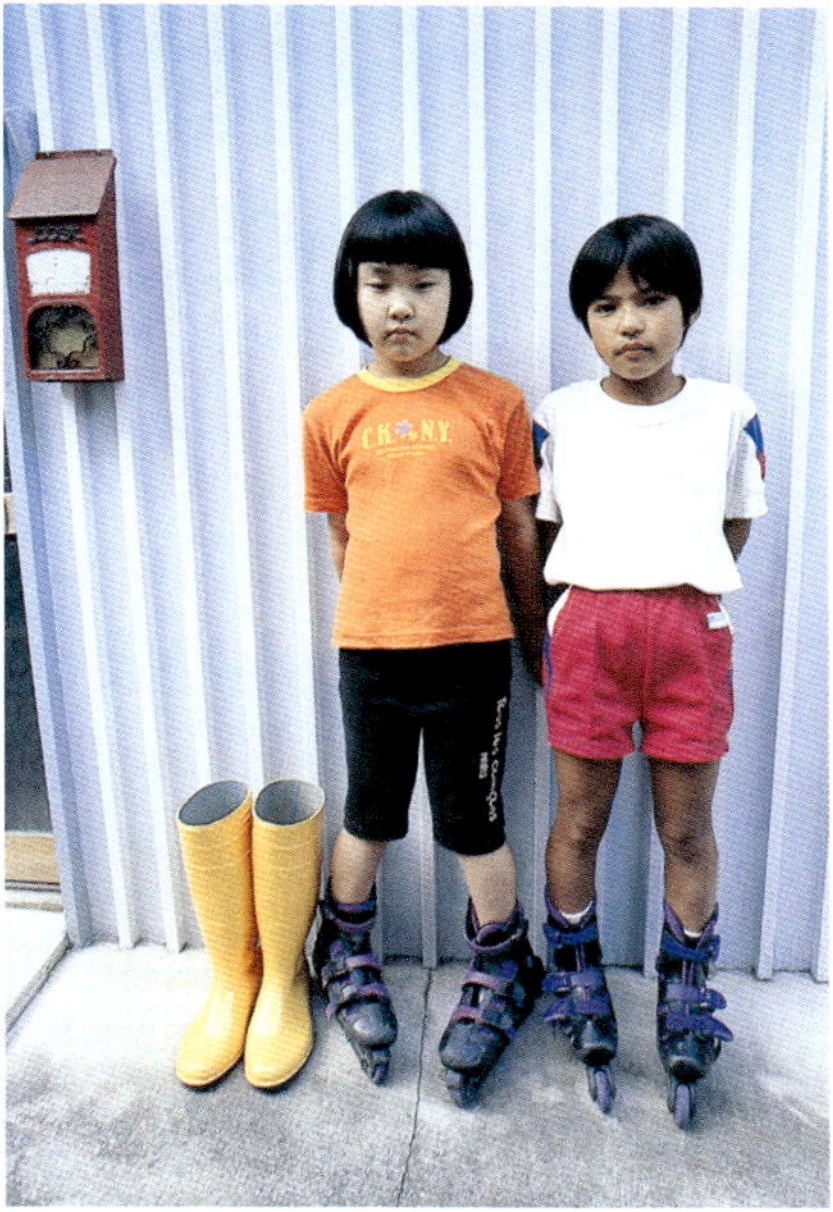

路地をローラースケートですいすい走り回っていた二人は、写真を撮ることになるとこのようにいきなり緊張してしまうのであった。二人の隣に長靴をはいた透明人間がいる——わけではない。

前頁—出撃を待つ砲弾のようなとりたてマグロ。実際にこれから全国の盛り場に向けて出撃していくことになるのだ。

奥さんがマグロのカマと心臓を出してくれた。カマは目ん玉とエラの後ろのところがうまい。目ん玉は直径三センチ。

いやはやたまりません！　の先ほどとりたてのマグロ。でっかい切り身がこれだけ並んで一人前千円前後。すりおろしたばかりの本ワサビをたっぷりつけていただくのである。

遠くから見ると黒パンツが干してあるように見えた。近づいていくとただのフカヒレパンツ……じゃなかった、ただのフカヒレであった。

路地裏園芸にはげんでいるようで、どの草花もよく手入れされており、いましがた水のまかれたあとがある。ところどころにちいさな無人販売所があり、野菜などが置かれている。ビニール袋のそら豆は一袋百円であった。その先に「てつめん餅」と書いてある看板があった。なんだかたいへんうまそうな予感がしたので入っていくと、奥さんらしい人が出てきた。

「ちょっとだけでも売ってくれますか？」

「ええもちろんですよ」

感じのいい奥さんであった。まもなく小さな箱にはいったてつめん餅が出てきた。餡を餅でくるんだだけのつくりで、みるからうまそうである。さっそくひとくち食べてみた。あっさりした甘さで餅がふわりとはてしなく優しく柔らかい。奥さんが素早くお茶を入れてくれた。

ここは「亀八屋」という店であった。てつめん餅は太地の名物で、名前のいわれはわからないが昔は鯨が捕れるとお祝いに扇形のお餅にしたという。

餅と一緒に写真を撮らせてくださいと頼んだら「持っている手だけでかんべんしてください」という。そういえばそこまでくるあいだ路地の花に水をやっている別の奥さんふうの人に写真を頼んだが、たちまち逃げてしまった。どうもこの町の女性は昔ふうの恥じらいをそのままあっちこっちに持っているようである。

路地をさらにすすんでいくと、高校生の数人がいた。さっそく話を聞いてみると「なんだなんだ」というふうに通りがかる青年がみんな立ち止まっていく。どうやら顔なじみばかりのようである。聞くと同じ中学だったという。何人か揃ったところで写真を撮らせてくれないか、と頼むと「やったあ！」と口々にいう。まだ幼く純朴なのだ。

「おかず屋」の前に並んでもらった。

高校生のほかに大工さんの見習いをしている少年、父親の船に乗って釣りの船を手伝っている少年。

「ポーズはそれでいいの？」

と聞くとみんな慌てていろんな恰好をした。丁度撮りおわったところにやってきた女子高校生をまたパチリと一枚。こっちはいくらか呆然とした顔で緊張していた。

海の見える通りにいくといよいよ日が傾いてきていた。自転車をひっぱってやってくる親子連れがいた。女の子はさっき路地でかき氷を食べていた子の一人であった。

翌日もいい天気であった。たいして急ぐ旅でもないので午前中ゆっくり海を眺め、人類と鯨の未来などということについて考えをめぐらせているると急に空腹なのに気がついた。思えばタイミングを逸して朝めしを食っていなかったのだ。そこでやはりこの町を去るに当たって改めてきちんと正しくもう一度鯨を食べておくべきであろう、との結論をもった。

勝浦のわははは的鮪かじり

太地にはいつでも鯨を食べさせてくれる店が四軒ある。そのうちの一軒、レストランパシフィックに入った。どうも鯨料理というものとこのネーミングにはイメージのへだたりがあってイマイチ不安がよぎるが、そこで出された鯨のタタキと竜田揚げ、ベーコン、鯨カツはなかなかのものであった。できたてをすぐもってきてくれるからなのかこの間の国民宿舎のフルコースよりはるかにうまい。鯨は獣にも魚にもない大きく広い海そのものの生命の味を感じる懐かしさがある。

これでついにほぼ鯨のまるかじりを堪能したので次は鮪と鰹である。これは酒の肴に気をつかっている店だったら場所がらどんなところでも大丈夫だろう、と思いながら夜の太地の繁華街を歩いてみたのだが、どうもそれらしき店がなかなか見つからない。

そこで通りがかりのおじさんとおばさんに、
「ここらでうまい鰹や鮪を食えるところはないですか?」
と聞くと、即座に「ないのう」とにべもない。うまい魚を食べるのだったらここらの人はみんな隣町の勝浦に行ってしまうというのだ。

勝浦までは十分くらいのものだ。さっそく通りかかったタクシーをつかまえ勝浦までいっちょう突っ走って、とたのむ。ついでにうまい店をきいてしまう。

案内されたところは「T」という居酒屋であった(店名はおしえないのだ)。カウンターだけの店で客がいっぱいである。長年海べりを歩いているカンでここはいいぞ、とわがイブクロがしっかり力強くうなずいている。いいぐあいに数分待っているだけでカウンターの端のほうの席があいた。

さっき待っているとき、ひそかにカウンターの他の客が頼んでいた鮪の刺身の凄いボリュームに感心し、すぐにそれを注文した。カウンターの中の奥さんはなんだかシャンソンでも歌いそうな感じだが、旦那は短髪にタオルのハチマキ。短髪親父の包丁さばきが見事である。間もなく見るからに新鮮で光沢がよく、そしてボリュームたっぷりの鮪の刺身一皿がでてきた。

二人前で二十切れ近い切り身がどさどさのっている。しかもその一切れの大きさが凄い。都会のそこらのセコイ居酒屋なんかだとその一切れを五つぐらいに切ってそれで一人前として出してきそうなくらいである。しかもそれが山のようになっている。鮪の下に柔らかくて肉厚のワカメがたっぷりひろがっている。ワカメだけでも十分肴になりそうだ。

ビールをひとくちやって大きい切り身をひとくち。いやはやややややのやややである！　なんとも上質のあぶらがのっていて笑いたくなるほどうまい。

思わず笑ってしまった。

「わはははは」

ばかなのである。

こんなにうまい鮪を食ってしまってこのあとオレの人生は大丈夫だろうか！　という不安がよぎるくらいである。

イキオイを得て続いてすぐに鰹の刺身をたのんだ。タタキではなく刺身である。こいつも鮪に負けないいくらいの大きさと光沢であった。さっきと同じように存在感と満足感に満ちた黒潮味である。

この店の魚はすべて生。冷凍ものは一切使っていないという。続いて鯨を頼んだ。脂身の刺身である。ここまでくるとこれはもうすなわちいわゆるひとつの絶品逸品空前絶後。上下左右横積禁止。逆上してばかがさらに深まってきた。店主にすすめられるままにチコロという鮪の心臓。さらに胃袋を柔らかく湯がいて酢味噌でいただく。続いて兜焼きの鮪の目の玉。こいつはゼラチン質のかたまりである。さらに鮪の尾鰭を焼いて湯がき、ポン酢で食べるヒレなどなど。これはもうまるっきり鮪の丸かじりである。

この勝浦の本鮪（クロマグロ）の水揚げは常にトップクラス。まずい鮪がでてきようがないのである。本鮪は土地によって呼び名がいろいろ違う。鮪の本場で本鮪を食べながら鮪の勉強をした。本鮪は、千葉では「クロ」、東北、静岡、富山、沖縄で「シビ」、東京、神奈川で「マグロシビ」、関西で「ヨコカワ」。鮪にはこのほか熱帯性のキハダマグロ、小型のビンチョウマグロなどといった親戚がある。関西ではこのキハダマグロのほうを好む傾向がある……というようなことを店主にききながらさらに酒を飲み、鮪、鰹、鯨を食う。

うまい魚を食わせるということがよく知れわたっているらしく客がひっきりなしにやってくる。家族連れ、恋人らしき二人、漁師らしき数人連れ、中国人の女三人連れ。

みんな豪快に食って飲んでいる。

旅館の朝食をすませてから、ぶらぶらと魚市場に向かって歩いていった。

フカヒレパンツ群団

ちょうどセリの真っ最中で、市場の大屋根の下には沢山の鮪が転がっていた。その数ざっと二百本ぐらい。当然みんな生マグロである。全国の海ぞいの旅をしているからこれまで朝の市場でずいぶんいろいろな魚のセリを見てきたが、いまだにそこで何をどう喋って何をどう決めているのかその仕組みがわからない。

いつもなにをどうしているのかわからないうちにとにかくいろんなコトがすばやく決まっていくのである。セリの内容によっては凄くうまくいったヒトと、いいとこまでいってだめだったヒトとかならずいるのだと思うのだが、見ているかぎりとくに「やったあ！」といってガッツポーズをとるヒトもおらず、悔しがって帽子を地面に投げつけるようなヒトもとくに見ない。そういう勝ち負けの判断がなにもつかないうちにどんどんセリは進行していって何時のまにか全部終わっているのである。この日は本マグロのほかにビンチョウマグロ、カジキマグロなどがあがっており活気があった。

勝浦は日本でも屈指の鮪漁港で、昨年は鮪だけで百二億一千九百万円の水揚げがあったという。漁港の人の話によると、十年ほど前は身がピンクで脂がたっぷりのった本マグロがよく釣れて、一本で七百万円から八百万円もしたそうだ。ところがこのところのエルニーニョの影響で本マグロの脂ののりが悪くなり、値段も一本四百万円ぐらいにまで落ちているという。それでも鮪大尽の神話はまだ生きていて、いい鮪を何本か釣りあげれば、ここらは田舎だからそれで家が買えるくらいの収入になる——という。

そんな話を聞いている間にもセリはどんどんすすみ、転がっている殆どの鮪にセリおとしたところの屋号を書いた紙が貼られていた。これらの鮪はこれから全国の鮪問屋に送られていくのだろう。そうしてこの中の何本かは銀座の寿司屋などにいくのであろう。そうしてこの一本の鮪からどのくらいの握り寿司ができるのかわからないが、この足元に転がっている鮪の一万分の一ぐらいに薄切りされた何片かが小さなしゃりの上にのせられてイッカン二、三千円ぐらいの料金が平気でつけられていくのであろう。

そんなコトを考えていたら思わずそこらに転がっている鮪の一本でもかついで逃げたくなった。

さらにしばらく行くと、道路沿いになんだか巨大な黒いパンツのようなものがいっぱい干してある。その下におばさんが何人かいる。おばさんがおばさんのパンツを干しているのかと思い、思わず逃げ腰になったが、よく見るとどうもそれはサメのヒレのようであった。通称フカヒレ。

普通の洗濯もの干し場のようなところに洗濯挟みで沢山吊ってあるのと、平らな干し場に並べているのと干し方に二通りある。平らな干し場にはそれらを次々にひっくりかえしている別のおばさんがいたので聞いてみると、乾燥フカヒレをこしらえているのであった。

間もなく経営者の新谷さんがやってきたのでいろいろ話を聞くことができた。今干しているのはヨシキリザメ。このサメは筋が厚いので乾燥フカヒレとしては高級品であるという。普通の洗濯物のように洗濯挟みでぶら下げているのはまだ生のやつで、乾燥してくると平らなところで干す。通常二十日間ほど干すのだけど、雨の降る日もあるので平均三十日ぐらいは干しているそうだ。

「勝浦の海にこんなにサメがいるんですか？」

驚いて聞くと、社長は「いいえ、これらはみんな南方の国から送られてくるんですよ」と笑った。そうだろうなあ。しかしつい昨日まで四メートルだ五メートルだという鯨やシャチを見ていたので、これらのサメもみんなここらの海で捕れた、と言われれば信じてしまっただろう。けれどときおり『ジョーズ』に出てきたような四、五メートル級の巨大なホオジロザメのヒレも入ってくるそうである。サメ干し場のはじのほうにたっぷり身のあついおいしそうなアジを干している。聞くとそれは社長の家の朝めしのおかずなのであった。

　鮪だのサメだの鰺の開きだのを見ているとまたもや腹がへってきた。こういう仕事をしているのだからきっと魚の美味しい店を知っているだろう、と思って社長に昼飯のおすすめの店を聞いた。すぐ近くの寿司屋を教えてもらってすぐさまそこへ行ったのだがさすがプロのおすすめの店である。まさしく絶品ものをどんどん並べてしまう店であった。なにしろ鮪の河岸(かし)の近くに店をかまえているのである。幸せな昼飯を食べ、うしろ髪ひかれる思いで黄金の鰹鮪鯨三点セットの町をじわじわとあとにしたのだった。

ニッポン式
南海の楽園

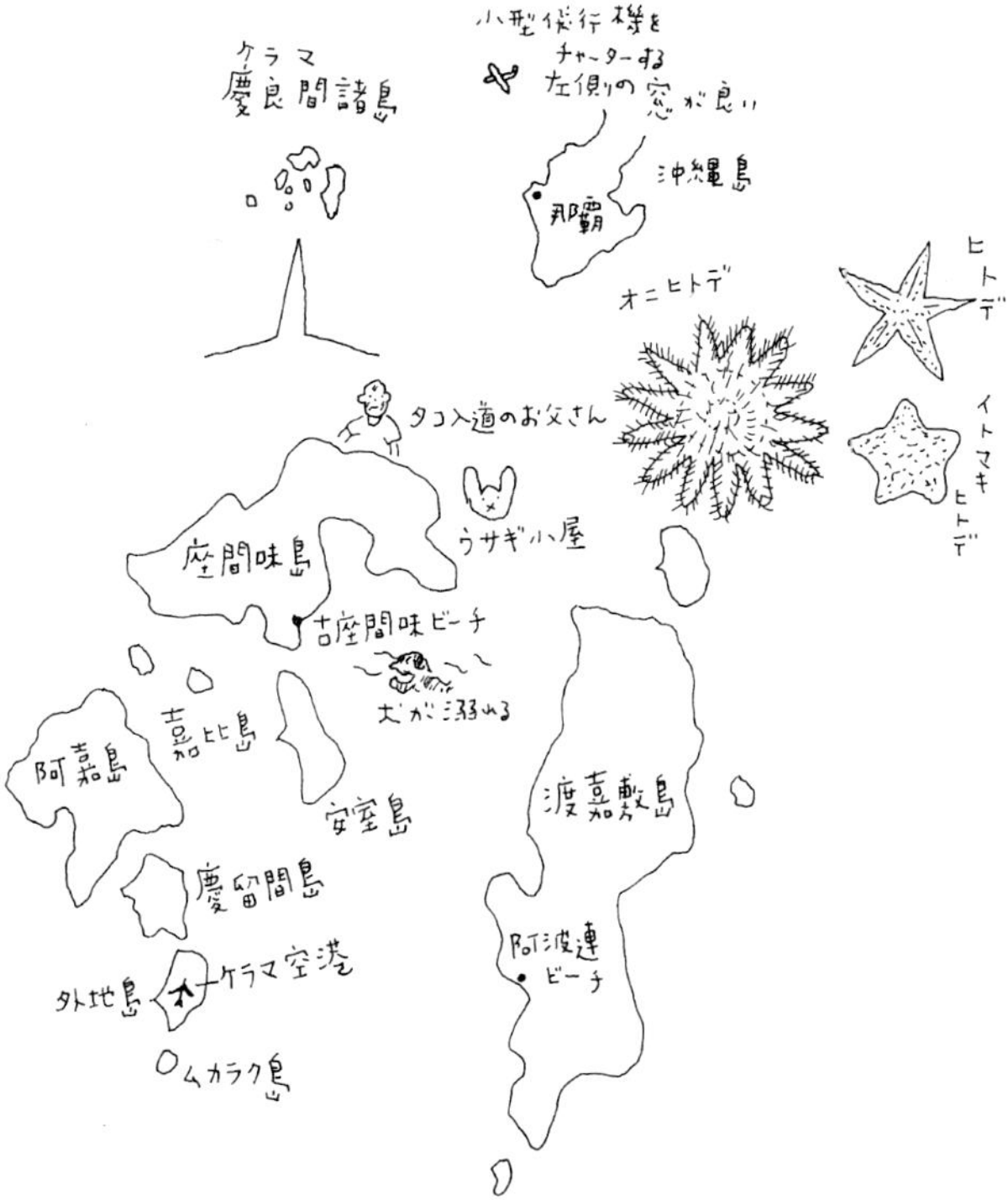
ケラマ
慶良間諸島
小型飛行機を
チャーターする
左側の窓が良い
沖縄島
那覇
オニヒトデ
ヒトデ
イトマキヒトデ
タコ入道のお父さん
うサギ小屋
座間味島
古座間味ビーチ
犬が溺れる
嘉比島
阿嘉島
安室島
渡嘉敷島
慶留間島
阿波連ビーチ
ケラマ空港
外地島
ムカラク島

このシリーズで訪ねる海とその町は初めて行くところが多い。けれど今回のケラマの海は馴染みの場所だ。まあ大抵毎年やってくる。沖縄や八重山(やえやま)諸島の海にはずいぶん行ったが、このケラマはそれらのなかでも抜群に近くて美しい海がひろがっているからだ。

空から海からコンニチハ

那覇の空港は少し前にまったく新しい空港施設となってオープンしたばかりであった。

すべてが大きく新しくなってなんだか東南アジアのどこかの国の空港に舞い込んでしまったようだ。

この空港からエアドルフィンの小型飛行機をチャーターしてケラマに向かう。那覇—慶良間(けらま)にはＪＡＣというエアコミューターが就航しており、チャーター機はその滑走路を使う。

よく晴れていた。こんな日に上空からケラマ諸島に挨拶しつつ、眼下に見るいくつかの島を訪ねていく、などというのは実になんというかシアワセなことである。

パイロットと打ち合わせ、撮りたい島々とその方向などを話した。空撮用に窓を開けられるのは左側なので、基本的に左旋回で島を回ってくれることになった。

途中見事にまん丸の島があった。船が一隻とまっていたがあたりに人影はなく、なんだかあやしく不思議な島である。やがていくつも島が重なって見えてきた。雲が低空を流れ、海の色が微妙に変化していく。無人島がいくつも見えてきた。低空四百五十メートルぐらいに下りてもらう。浜辺で寝ころがっていちゃいちゃしているカップルが見える。もっと低空にいって上から「バーカ」と言ってやりたいのだが、そこまで下りていくとこっちが墜落してしまうキケンがあり、そいつらに「バーカ」と言われるのもシャクだからそのあたりでがまんした。

今日これから行こうと思っている渡嘉敷（とかしき）島が見える。とても大きい。その上を旋回し「あとで行くからな」と挨拶。今日泊まる座間味（ざまみ）島が見えてきた。昨年シーカヤックで上陸した無人島ムカラクが見える。そのとなりに飛行機の滑走路だけある外地（ふかじ）島。ここに下りていく時、航空母艦に着陸するみたいだな、といつも思う。

無事到着し、エンジンがとまると、あたりは静まりかえっている。この島にもヒトは住んでいないのだ。滑走路の端の茂みのあたりからリュウキュウクマゼミの「シャーシャーシャーシャー」という鳴き声がふりそそいでくるようだ。

知り合いのタカシは阿嘉（あか）島で待っているという連絡だった。この外地島は十年前に隣のゲルマ島と橋でつながり、ゲルマ島は一年前に阿嘉島と橋でつながった。

タカシが小さいほうの「つる丸」で迎えにきてくれていた。彼のところには大小ふたつの船がありどちらも「つる丸」なのである。早速ビールで乾杯し、再会を喜びあった。

「昨日までは雨が降っていて海が荒れていたけれど見事に晴れたよ」タカシがいう。

ぼくは大体晴れ男なのである。

そのまま渡嘉敷島へ向かった。途中海流の強いところでいくどか波をかぶった。ケラマ諸島にはよく来ているが渡嘉敷島へ行くのは初めてである。人口六百九十七人。人口九百九十六人の座間味島とほぼ同じぐらいの規模の島なのだが、島同士の交流はあまりないようだ。船の便がそれぞれ那覇とは定期便でつながっているが、島と島を結ぶ定期便というのはない。島と島を定期便で結んでもあまり意味がないからのようである。

阿波連(あはれん)港に着いた。といってもあたりにヒトの姿はない。隣の島に住んでいるというのにタカシがこの島に上陸するのは初めてであるという。やっぱりそんなもんなんだ。

少しいくと阿波連ビーチがあり、そこに向かう道をはさんでお土産屋や食堂や民宿などが沢山ならんでいた。貸し浮輪屋のおばあさんに話を聞くと自分は昔座間味に住んでいてここに嫁にきたのだという。

「この人は座間味ですよ」とタカシを紹介すると「座間味の誰かね」という。

「船頭殿（宿屋）の息子です」

「あれまー。それじゃあツル子さんの息子じゃないか」

ということになってたちまち二人の話がはずんだ。もっともその段階で両者いきなり土地の言葉になってしまったので側で聞いていてもなんだかさっぱりわからない。間もなくタカシは携帯電話で自分の母親を呼び出し、そのおばあさんに渡した。電話で昔話が始まった。どうも長い話になりそうなので電話はそのままにしてタカシとその向かいにある食堂に入った。朝から何も食べていなかったのだ。メニューは沖縄そばとカレーライスとピザパンの三種類であった。面白い組み合わせである。

まず生ビールを注文した。連絡船が毎日あるから、こうして海べりの屋台のような店でなにげなく生ビールを飲めるのである。素晴らしいことである。

にぎわいの構造

はじめての渡嘉敷島だからとりあえずぐるりとひと回りしてみることにした。あてずっぽうに訪ねた民宿で二時間以内という条件で借りた私設レンタカーのワゴン車は、あっちこっち錆びがきていて、ハンドルがすごく重い。日頃オールアスファルトの舗装道路をパワーステアリングのオー

那覇からのＪＡＣ小型ヒコーキで座間味付近の無人島の上をひと回り。ビーチでくっついているカップルの上を旋回し「バーカ」と言ったら「バーカ」と言われた（ような気がする）。

ザマミ島の同級生のおツルさんにトカシキ島の旧友おばあちゃんがケータイ電話で話をする。
「二十五年ぶりかねえ……」

夕方桟橋のあたりにネコをさがしにやってきた幼い姉妹。ネコの名はバニラ。南の島の全身純毛バニラである。まだ家には帰りたくないようだ。

子供たちにくっついていったけど沖で犬カキ泳法も力つきオボレてしまったオボレ犬。ようやくヒハヒハ言いつつ浅瀬に泳ぎついたところ。今度こそは！と思っている（はずだ）。

トカシキ島の浜入り口の食堂はそばとカレーとピザパンの三品。生ビールがあるのでありがたい。お二人はこの店の経営者夫妻。

むかしからこういう不規則アナボコ物体に弱い。写真のコレはキクメイシ。もっと細かな穴が沢山びっしり込み入っているやつもあり、そういうのを見ると全身がくらくらしてタオレてしまう。不規則細かアナボコ恐怖症とでもいうのだろうか。

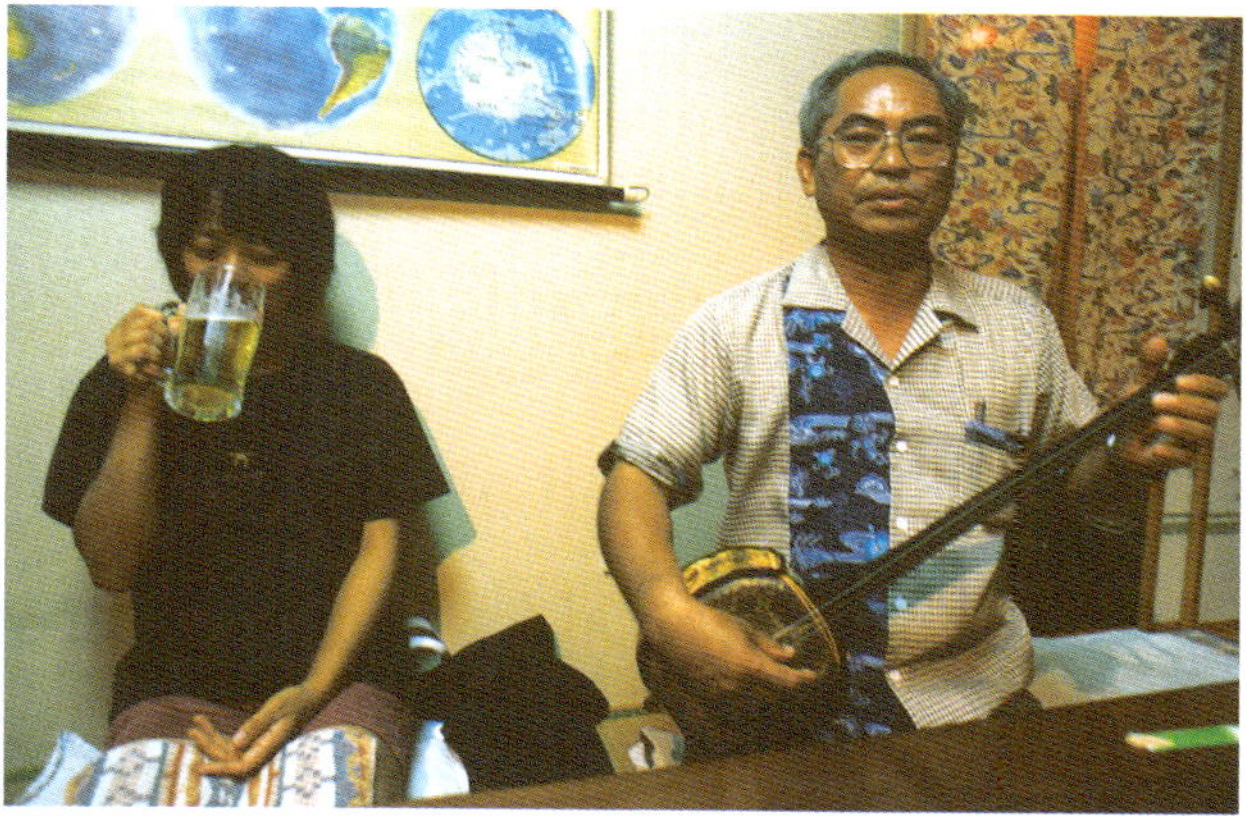

ザマミ島の仲村村長が三線(さんしん)をつまびいてくれる。南島の暑い夜の居酒屋にこの音色がよく似合う。つまびきを聞きながらみんなしずかにビールを飲む。

前頁―通い慣れた島だがこの「ふれあい広場」の展望台から見る夜の月ははじめてだった。むこうは阿嘉島。

島の民宿の屋上から撮った写真。屋並みがたてこんで都会のように見える。少年は斜めにかしいだ角度で母親と並ぶ。

まだ生きているオニヒトデ。この毒バリの一本一本がぞわぞわいやらしく動いているサマを想像していただきたい。

ここはショータロー君とユータ君の秘密基地である。この奥にもっと秘密の通信室がある。

お姉ちゃんは夏休みの間のアサガオの水やり係です。

緑の濃い島だ。どの季節に行ってもいろんな花の色に出会う。このトウガラシの花の隣にパパイヤの木があって、それは漬物やサラダになる。

この家の庭の畑にニガウリがぶらさがっている。沖縄ではゴーヤという。チャンプルーには欠かせない。

ホンモノのタトゥを胸に彫った、昨日居酒屋でビールを運んでいた女性が桟橋にいた。

トマチックのクルマで走っていると、いやはや本来の自動車の運転というのはこんなにも力を必要としたのか、と驚くのである。

とりあえず着いたところと反対側の渡嘉敷港へ行ってみたが、集落に人通りは殆どなく、日かげに工事関係者らしき人がヒルネしているだけであった。観光客がいるビーチだけがこの島で唯一少し活気のあるところのようだ。

そのビーチでホテルらしきものがつくられていた。あまりにも暑いので下着のトランクス、通称柄パンになって海に入った。本年初の海の中である。ひと泳ぎして船揚げスロープのようなところにひっくりかえり、太陽の光を全身であびた。

昨夜まで都会の盛り場で不健康な酒をのんでいた。そこから解放されて体の細胞がプチプチはじけて喜んでいるようだ。このあたりの島々は東京を朝一番で発つと、昼すぎにはこうして南国そのもののビーチで太陽をあび、海風にふれることができる、という簡便さが受けている。

遅い午後、迎えにきてくれた「つる丸」で座間味島に向かった。この島は毎年のようにやってきているからなじみの顔が多い。さっそく岸壁に軽トラで荷物をとりにやってきたのは、タカシのお母さんと孫の拓矢くんだった。

「どうも久しぶり」

「元気そうで何よりですね」
毎年いつも同じ会話を交わせるのがうれしい。渡嘉敷も座間味も沖縄の離島では珍しく人口減の少ない島である。

　　　　平成元年　　平成十一年
渡嘉敷　六百九十七人　六百九十七人
座間味　七百二人　　九百九十六人

この十年でみると座間味は逆に人口が増えている。その理由は両島が観光の島として通年沢山の来島者がおり、その人々の宿や食堂その他サービス設備の人手を必要としているので、島の外からここに就業している人がとても多いのだ。民宿のヘルパーやダイビング関係の手伝い、食堂や店の手伝いなどの仕事が多いから若い女性が主力になる。

過疎化が進む人口千人前後の多くの沖縄の島は若い人が島のソトに出てしまう。そこで見かけるのは老人ばかり。沖縄コトバでいう「おじい」「おばあ」が殆どなのに、唯一この島々はあっちこっち若々しい風景をみせている。宿でシャワーをあび、夕方ひと休みしてから堤防のあたりにブラブラ出かけた。堤防はこの島の生きたコミュニティゾーンである。目の前の暮れていく夕陽を眺めながらビールなどのんでいるといろんな人が通っていく。仕事帰り、あそび帰り、ヒマつぶし、ヒト捜し、さまざまである。

荷台にまっくろけな少年たちをのせた軽トラックがやってきた。早くも知りあいの少年たちが何人か声をかけてきた。

「何してるのオ？」

「何もしておらん。君らはどこへ行ってた？」

「泳いでた」

荷台から少年たちがぞろぞろ降りてきた。少女と犬もいる。この島でも一、二を争う美しいビーチ、古座間味で日没まで泳いでいたのだという。引き綱などつけられていない犬もうれしそうである。けれどこころなし犬としては元気がない。聞くといままで子供らと一緒になって泳いでいたのだけれど、溺れてしまったらしい。

「だからオボレ犬（けん）だ」

「いつもは脱走犬だけどヨォ」

南の島の子供らはくったくがない。子供らを軽トラの荷台にのせてやってきた色のまっくろな「日本人ですか？」と聞かずにはいられないような女性は、少年たちにまじってワイワイやっていた女の子の母親だった。海の女ターザンみたいで中々かっこいい。聞けば古座間味のビーチで海あそび用品のレンタルショップをやっているという。だからまっくろけなのだ。

北海道からやってきたという中年女性五人組、埼玉からやってきた二組の夫婦、まだ素性のよく分からない中年男とやや若い女性のあやしいカップル。白い猫を追ってやってきた少女とその母親。

つぎつぎにいろんな人がやってくる。

もう少し盛夏になると、ここは圧倒的にダイバーたちでにぎわう島だ。ダイビングはいま若い女性に多い。その女性のお供に若い男らがやってくる。かつてはこの島のメス犬を追って近くの島からオス犬が泳いでやってきたので話題になったことがある。構造は基本的に同じなのだ。

懐かしい海風の人々

堤防に座って暮れていく海を見ながらさらにビールを飲む。いろんな人が声をかけていく。日に焼けてなんだかタコ入道のようなおとーさんたちが何人かのおかーさんと嬉しそうに歩いていく。子供たちが走り回っている。こうして見ていると子供というのは本来常に走り回っているのだな、ということが分かる。小さな猫をつれた幼児がやってくる。海鳥がなきながらねぐらに帰っていく。

この島には数年まえから鯨（ザトウクジラ）が帰ってきてホエールウォッチングができるようになった。港のなかにはそれを記念して鉄のザトウクジラがジャンプしているモニュメントができた。

ぼくが飲んでいる生ビールは港のすぐそばにある食堂のものだ。午前中海にもぐってきて昼にここで生ビールの中ジョッキを二杯ぐわしぐわしと飲んで、大盛りのカレーライスを食べるのが〝人生のシアワセ〟であった時代を思い出す。

島には民宿やペンションなど合わせて五十七軒あり、一日最大で千二百人の収容能力がある。正月、三月の休み、ゴールデンウィーク、夏休みといった繁忙期は満員になってしまうというから凄い。島の人口よりも観光客のほうが多くなるのだ。シーズン中はやむなく断る宿も多い。

「せっかくこの島に来たいといっているのに断るのはどうにも辛い。しかしこれ以上民宿を増やすのも別な弊害があるので最近〝民泊システム〟を考えました」

と言うのは座間味村の仲村三雄村長である。村長とは島の居酒屋で会った。

島には空き家や老人の一人住まいなどが結構多い。繁忙期にそういう家を貸してもらう、という考えである。最近は民宿といっても営業効率などが優先されて、島の人たちと食住を通じてふれあうという本来の意味での〝民宿〟が少なくなってしまった。そういう時代のこれはひとつの原点回帰の発想である。

今どの島でも共通の悩みの一つに、ふくれあがるゴミをどうするか、という問題がある。

村長らが進めているのは島の農業はすべて有機農法にし、生ゴミをその有機農法に利用してあたらしい農作物をつくることである。すでにパパイヤが実用生産に入っている。

ぼくが座間味島が好きな理由のひとつに、島が観光大資本の上陸をずっと拒みつづけている、ということがある。それからまた現在高速船とフェリーで一日千人の輸送能力があるが、これを増加させようという考えもないようだ。地道にじっくりしかし確実に観光立脚の元気のある島づくりをしていく、というのが村の考えかたのようである。

村長の弾いてくれた三線(さんしん)の音を聞きながらじっくり泡盛を飲む。暑い夜のけだるい熱気だ。永井親子が顔をだした。ほぼ七年前、石垣島の白保の海でぼくが初めての劇映画を撮影しているときに出会った函館の母子である。その当時わざわざ北海道から撮影風景を見にきたというのでぼくはびっくりした。南の海を見たかったのだという。

そのことがひとつのきっかけになって親子はこの南の島に移住してきたのだ。当時まだやっと歩けるぐらいの幼児だった息子の翔太郎君は四年生になり、いまやすっかり真っ黒けの島の子である。ぼくはこの少年とその頃から顔をあわせるとプロレスごっこや正義の味方と怪獣のタタカイをやっていたのでその日もさっそく久しぶりの〝勝負〟ということになった。年々強くなってきているのがよくわかる。この親子と会えるのもこの島にやってくる楽しみのひとつだ。

島には商店が十二、食堂が六軒、居酒屋が三軒ある。人口と島の規模にしたら異例のにぎわいである。島でダイビングサービスの店を開き沢山のダイビングスポットと水中コースを見つけた阿武(あんの)靖士さんも山口県からこの島にやってきてそのまま根づいてしまった。その阿武さんとしばらくぶりに顔をあわせたので改めてそのあたりのことを聞いてみると、島に来てなんともう二十五年になるという。

みんなで月を見に行くことになった。ややおぼろに霞んでいるが満月に近い月の夜であったのだ。クルマで二十分のところにある展望台にでかけた。地上六十メートル。やや薄雲が出ていたが、波のない夜の海とあちこちに点在する島々が見える。汐のにおいのする涼しい海風が吹きわたっていく。泡盛の酔いがここちよく体に回ってきてまことにいい気分だなあ、とくつろいでいたら「スキあり！」の一声のもと猛烈なキックが飛んできた。翔太郎少年の必殺技が飛んできたのであった。早速闇のなかで地球の平和を守るための壮絶なバトルが始まったのだがすでに大量の泡盛の入った中年の怪獣は正義の少年のキレのいいキックとパンチにたちまち粉砕されていくのであった。

陽光に乾杯！

クーラーを止めて寝たので、部屋に直接あたる朝日の熱で予想どおり五時前に目が覚めてしまった。素早くシャワーを浴びて外に出た。この島にくると朝がたいつも堤防の先端にいって海を眺める。ほかの島だとこの時間は海に出る船や帰ってくる船などがあって結構にぎやかなのだが、この島はいたって静かだ。なんとなく南太平洋の小さな島にいるような気分になってくるのである。ぼくのほかにも早朝この岸壁にサンダルをからころひきずりながら散歩にやってくる人がいる。

真夏でなければここちのいい海風に吹かれながら朝飯前にここで少し居眠りなどするのもいいのだが、もうすでに太陽の光が相当に強く、日陰が欲しいくらいなのである。

宿に戻って早めの朝食。それから今日なにをするかぼんやり考える。九時過ぎ、タカシに頼んで船で海に連れていってもらった。折角ここまできたのだから潜ってみたい。数年前まではタンクを背負って深いところまで潜っていったが、近頃はそれも面倒になってきている。タカシの船「つる丸」の甲板に転がっていたマスク、シュノーケル、フィンの三点セットと水中カメラを借りて綺麗なサンゴの海を見せてもらうことにした。

昨年は沖縄本島に近い水納島というところに潜りサンゴの群生を眺めたが、海水温度の上昇でおきるサンゴの白化現象で海底の風景は無残なものになっていた。白化現象は沖縄海域全般におきたというので心配である。

タカシは素早くいくつかのポイントに連れていってくれた。最初に案内してくれたのは安室島の東側の静かな湾の内側である。ここは座間味島からもっとも近いところにある無人島で、十年ほど前にキャンプしたことがある。洞窟の中に真水の滝があって少年冒険物語の舞台になるような島なのだ。その時は島の反対側に上陸してテントを張り、翌日この湾を見つけてあまりの美しさにひっくりかえった。無人島というのはそれを慢性的に汚す人間がいないから、とにかく砂も水も基本的に綺麗なのである。理屈ではそうだろうな、とわかっていても実際に目で見るとそれがよくわかる。

人間というのはまさしく「汚し続ける生物」なのだ。

さっそくその美しい湾の水中に潜ってみた。まだ昨年のダメージから回復できない白いサンゴはあったが、かなりのサンゴが復活しているようで、昨年のあの死んでしまったような白い海底を見ずにすんだ。

久しぶりに手にした水中カメラでそんな海底の写真を撮ってみるが、どこをどんなふうに撮っていいかわからない。よくあるようにクマノミとイソギンチャクの共生風景などをパシャリとやったが、撮っていて面白くない。もともと水中写真にはあまり興味がないのだ。アクアラングを使って海に潜ったらぼくは中性浮力を利用して水中軟体動物のように上へ下へ好きなように漂い、自分の目で水の世界の風景を眺めていることのほうが好きだ。

タカシがなにかをモリの先端にかけて泳いでくる。見ると水の中からでもどうもそいつが大変にイヤラシイ生物であるな、ということがわかる。

オニヒトデであった。何年か前、この海域は夥しい数のオニヒトデに襲来されてひどい目にあったことがある。その時島の住民が協力してみんなで集中してオニヒトデ狩りをした。オニヒトデはサンゴを専門に貪欲に食い荒らしていくから言い訳できない海の完全な悪役なのである。

船の上に放りなげられたオニヒトデをよく観察した。見るからに獰猛な数百本のトゲがわらわら動いている。船が揺れてバランスを崩し、このトゲだらけの上に顔をつっこんだりしたら人生を続けているのがたちまち嫌になってしまうだろう。

「うひゃあ」と言いながら何枚か写真を撮った。

風が変わってきたので別の場所に移動した。マンタがよく集まってのんびりしている場所に連れていってくれたが、その日は水中に動くものはなかった。

昼食のために嘉比島に上陸した。ここも無人島だが、目のまえに座間味島が見えて、恰好の観光ポイントになっている。

あたりはいよいよ剝き出しの物凄い真夏の陽光になっている。海峡を見ながらタカシと陽光に乾杯。

島風のなかで

よく晴れた日が続いていた。夕方のビールをさらにおいしく飲むために少し運動をしよう、ということになった。

それには海岸べりの野球がいちばんいい。タカシの知り合いが合計十人集まった。女の人はタカシの宿のヘルパーで昼の休み時間をつぶして駆けつけてくれた。

早速男女混合のいきなり白昼試合がはじまった。

暑くて体を動かすのも大儀な昼下がりだが、こういうものはひとたびボールが飛んでいくとたちまちみんな真剣になる。試合は白熱伯仲して、結局十三対十二の僅差でぼくのチームが勝った。凄まじい量の汗が流れ、タタカイは勝利。これで夜のビールの絶対的圧倒的決定的うまさは約束された。

海からの風に吹かれていると、学校が終わった翔太郎君と友達の松田優太君がランドセルをカタカタさせながら走ってきた。つくやいなやグラウンドにそのランドセルをポーンと放り投げた。このへんの動作は昔の子供らとおんなじだ。野球をやりにきたのだが、残念ながら終わってしまった。二人ともえらく悔しがっているのでピッチングとバッティングの特訓をすることにした。

今の子供たちは学校でサッカーはよくやるようだが、野球はほとんどやらないらしい。二人ともムキになって投げたり打ったりするのであまり上手にいかない。そのうち両人はすぐにあきてしまった。

しばし休憩していると、この近所に二人の秘密基地があるということがわかった。さっそく案内してもらうと、堤防の下のテトラポッドの入り組んだ中にその基地が確かにあった。どうやって運びこんだのか自動車の壊れたシートがあり、そこが基地の本部のようだ。こういうところも昔の子供らとあまり変わらない。

そのうちになんとなく学校にいってみるか、ということになった。島の小中学校には小学生三十九人、中学生十七人がいる。入り口のところに立派なガジュマルの木があって、その下に小さな池。その先にウサギ小屋がある。二年前にきた時はウサギは二匹しかいなかったのだが、小屋を覗くとなんと大きいのちいさいの二十匹ぐらいいるのでおどろいた。二年前は翔太郎君が飼育係だったので「あの頃の二匹のウサギがこんなに増えたんだな」と深く感動しつつそう聞いたのだが「今は飼育係じゃないからそうかどうか知らん」とまるでそっけないのだった。

ウサギ小屋を覗いていると小さな女の子たちがわらわら出てきた。ぼくがカメラをもって構えるとわらわら逃げる。恥ずかしいんだけれど、でも写真を撮ってもらいたい、でも恥ずかしい――の繰り返しなのである。東南アジアの小さな村にいくと必ずこういう子供らが出てくる。いわゆる子供らしい子供がこの島にはまだ沢山いるのだ。

しばらくするとその子供らとも慣れてきていろいろ話ができるようになった。カメラを向けても逃げなくなった。そうなると今度は「ここでも撮ってくれ」「あそこでも撮ってくれ」とキリがなくなってくる。こういうところも子供の反応は世界で共通している。

その夜、タカシと一緒に翔太郎君を連れて島に三軒ある居酒屋のうちの一軒「うりずん」にいった。ここのラーメンがうまい、と翔太郎君が教えてくれたのだ。

そこにいく途中、荷車の上になにかを積んで歩いてくるおばあさんに出会った。聞いてみると冬瓜(とうがん)であった。巨大なのが七個。自分の畑でとれたのだという。そういえばこの島ではパパイヤやゴーヤなどの畑もあっちこっちにある。

居酒屋は賑わっていた。離島の店とは思えないくらいだ。ぼくとタカシは生ビール。少年はすぐさまラーメン。カキフライと手羽焼も注文したがこっちはなかなかでてこなかった。そういうところが島ふうのようだ。

翌日、船がでるまでの時間、翔太郎君の家にいってみた。

もちろん少年は学校。母親は職場に行っていていない。留守の犬に久しぶりの挨拶にいったのだ。犬小屋の入り口のところに「永井空(そら)」とフルネームが書かれていた。

庭先に鮮やかな赤と緑のトウガラシが実っている。南の島の人達は刺身を食べるとき、山葵(わさび)をつかわず、このトウガラシを使うところが多い。ちょっと庭先にいって新鮮な薬味を調達してくる、というわけである。

そろそろ船がでる頃なので港にいくと、この短い滞在中に会った人の殆どの顔ぶれと出会った。みんなそれぞれの用事で船を待っているのである。村長は那覇に用があるという。阿武さんは客のダイバーを見送りにきている。昨日いった居酒屋でビールを運んでいた若い女性も誰か客を見送りにきていた。午前一時までの営業なので眠そうであった。胸のところに直径十センチぐらいの太陽の形をしたタトゥを彫っていた。本物だという。

海の祭りだおとっあん！

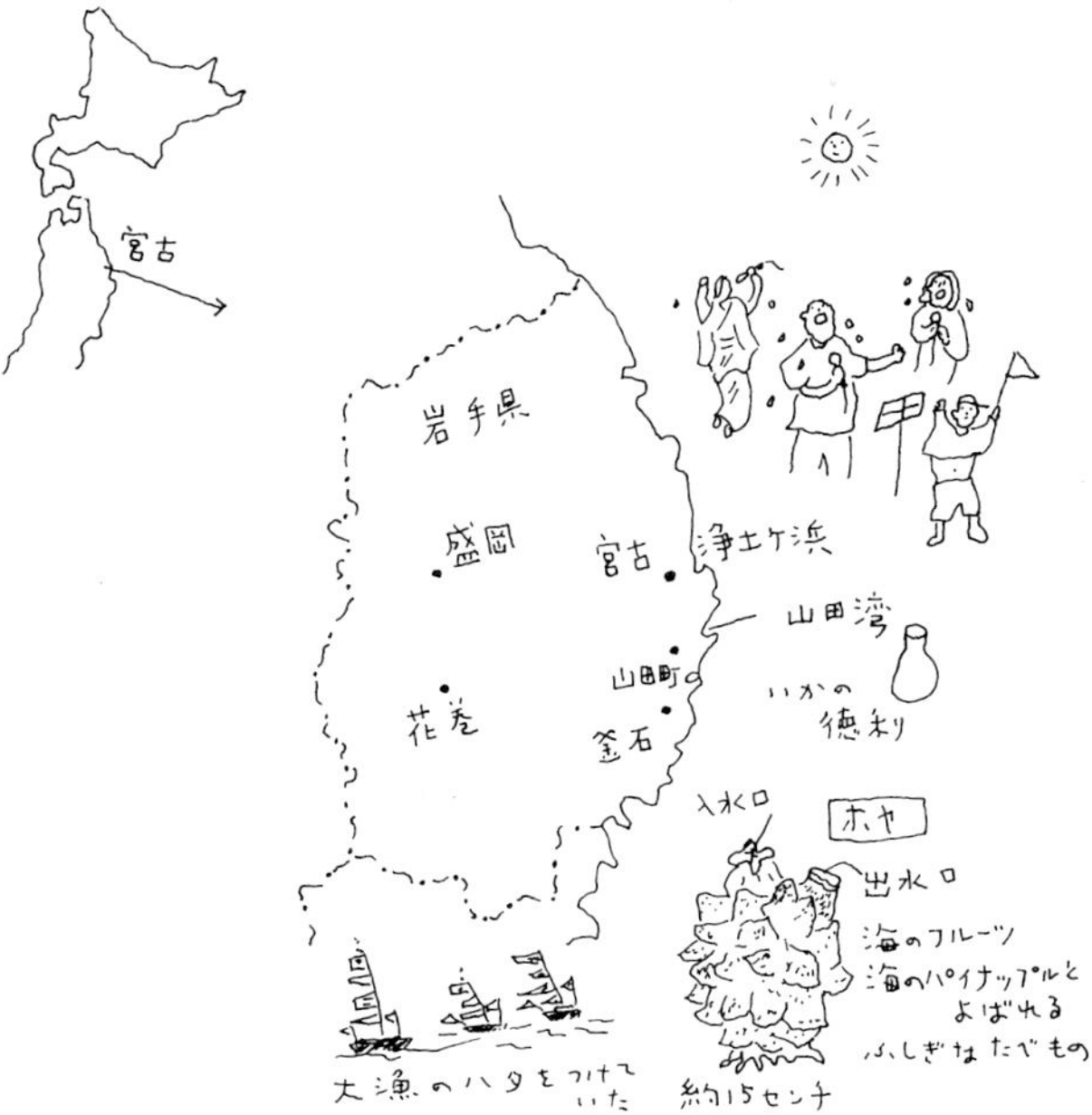
宮古
岩手県
盛岡
宮古
浄土ケ浜
山田湾
山田町
花巻
釜石
いかの
徳利
入水口
ホヤ
出水口
海のフルーツ
海のパイナップルと
よばれる
ふしぎなたべもの
大漁のハタをつけて
いた
約15センチ

東北の宮古に向かった。宮古には知り合いが沢山いる。盛岡の駅にその人達が迎えにきていた。

駅はなんだか騒々しい。「今日からインターハイがはじまるんですよ」T君が言った。なるほど。それでなかなか旅館がとれなかったのだ。ちょうどお昼である。盛岡でお昼といったら頭に浮かぶものはひとつしかない。

行きますか？　行きましょう。

駅前に大きな焼き肉屋が二軒ある。焼き肉屋というよりも盛岡では「冷麵屋」といったほうが話がはやい。

今、なぜか盛岡といったら冷麵なのだ。昔はわんこそばが有名であったが、いつの間にかこの冷麵が主役に躍り出た。その後盛岡ふうジャージャー麵も文字どおりいい味をだして新しいわき役の位置を確立しつつあり、盛岡といったら今はとにかく麵なのである。

雑誌「サライ」の冷麵特集によると、盛岡で今の〝盛岡ふう冷麵〟が誕生したのは昭和二十八年頃であるという。ピョンヤン（盛岡とほぼ同じ北緯四十度にあり、気候風土が似ている）の北方にあるハムフン出身の料理人が故郷の冷麵と同じそば粉を使って黒っぽい冷麵をつくった。しかしこれは不評。やがて小麦粉とでんぷんを使って

炎天下
カラオケデスマッチ

白くてのどごしのいい現在の盛岡冷麺の原型をつくり出し、それに合う牛骨、牛すじ、鶏ガラからスープをこしらえて評判になったという。

つまり盛岡の冷麺は盛岡独自のものなのだ。韓国に行った時、本場の冷麺はいかばかりか、と期待していろんな店に入ったのだが、どうも違う。盛岡のほうがうまいなあ、と思ったのもそういう理由があったのだ。

五人の男たちと真夏の冷麺をヒハヒハ言って食い、元気をつけてそのまま一路宮古の方向に向かった。

このところぼくは原稿仕事がたてこんでいて寝不足が続いていたので、大型ワゴン車の後部座席で眠っていった。こういう旅もなかなか楽でいい。

クルマの振動がなくなったので自然に目が覚めた。汗をいっぱいかいている。クーラーは効かせてあるのだが、それでも外からの熱気が勝っているようであった。太陽の光が強烈である。たちまち本格的に目が覚めた。

クルマから出ると汐のかおりがムーンとした。太陽の光の中で風景がはじけている。宮古の港広場のようなところであった。沢山の屋台や大きなテントが張られており、どこからか賑やかな音楽と頭のてっぺんを突き抜けていくような女性のアナウンスの声が聞こえてくる。カーニバルのような雰囲気だ。

「祭りですね」

　K君が言った。

「港町は眠らない――シーウインド・フェスティバル――と書いてありますよ」

　カメラを持ってその大きな囲いの中に入っていった。沢山の屋台テントが囲んだ正面にひときわ大きな舞台テントがつくられており、そこでは今まさに何かのイベントが始まろうとしているところだった。

「カラオケ大会ですね。海のカラオケと書いてありますよ」

　特設舞台には十人ほどの出場者らしき人々が並んでいる。プロとおぼしき女の司会者が審査員の紹介をしている。

　舞台の前に二百席ほどのパイプ椅子が並べられているが、客はまだまばらである。午後三時の海辺の陽光はおっそろしく強烈で、とても黙って座っていられる状況ではない。それでも審査員と出場者の親戚とおぼしき十数人の人々が日傘やコーモリ傘をさして座っていた。風が通りぬけないのがつらいところだ。暑いですねーと司会者が正直なところを言い、それでもしかしカラオケの饗宴は容赦なく始まった。

　トップはカクテルドレスのようなものを着たおばさんであった。いつもこういうのを着てカラオケを歌っているのであろうか。天童よしみの海の歌であった。おとしの割にはなかなかうまかったのに客が少ないのでパチパチとまばらな拍手。次のおとーさんは「兄弟船」であった。海の祭りの歌にはぴったりである。パチパチパチ。なかなかいいぞ。しかし次のおとーさんも「兄弟船」であった。

うーん。前のおとーさんは気を悪くしているんじゃないかな。もうすこし順番を離して歌わせるようにしたらよかったんじゃないかな。少ない観客の中にいるのでこっちもいろいろ気を使うのだ。

T君が氷メロンを買ってきてくれた。おお、こういう時にはなによりである。見るからに体に悪そうな強引に毒々しい緑が嬉しいじゃないか。

シャキシャキシャキ。アタマのてっぺんのあたりに向かって痛いものが突き抜ける。これがまたいいのだ。シャキシャキシャキ。舞台はふたむかし前ののど自慢でよく聞いたような「歌曲」が始まっていた。シャキシャキシャキ。

お囃子が聞こえてくらぁ

近くに浄土ケ浜という綺麗な海岸があると聞いたのでみんなでそこに向かった。

浜に降りていくトバ口のところに大きな看板があり、昔の軍艦の海戦の模様が描かれている。『宮古湾激戦のあらまし』とタイトルにある。慶応四年、旧幕臣の榎本武揚が新選組の土方歳三らを乗せた三隻の軍艦で江戸から箱館へ北進中、政府軍の艦船を奪取すべく星条旗を揚げて宮古湾に入り、突然旗を日の丸に替えて白兵戦を挑んだ。三十分の戦闘の結果、幕府軍は艦船の奪取に失敗し、退却、これが日本における初めての洋式海戦となった……。

というようなことが書かれている。

歴史に疎いぼくはこの海戦のことを知らなかったが、そこにある勇壮な海戦の絵などを見るかぎり、昔の海戦というのはいかにも牧歌的で、戦争という名のおとっつあんたちの祭りのようなものではなかったのかなあ、と思うのである。

浄土ケ浜の浄土はもちろん極楽浄土のジョウドである。白い浜と白い岩の中に透き通った海の水の色が広がってなかなかたいした風景である。

狭い海岸に海水浴客がよくある海辺の絵のようにきちんと調和よく広がっている。家族連れが多いようで、よいおとーさんとよいおかーさんがよい子をつれてよい休日をすごしているようにみえる。

騒々しい若者の群れもおらず、必要以上にくっついて愛の確認作業を続けているカップルというのもいないようだ。ぼくが水辺の風景のなかでもっとも醜いと思うジェットスキーの轟音もない。こういうところによくある、あの無意味な海浜ＢＧＭというのもない。

大勢の人がいるのにどこか落ちついて静かである。と、そのとき「あやちゃーん！」と慌てた口調で叫ぶ男の声がした。「あやちゃーん！」家族連れできたおとーさんの声のようである。我々はギクリとして「あやちゃん」の姿を捜す。あやちゃんが行方不明にでもなってしまったのだろうか。

「あやちゃーん！」

大きい声で呼ばわるおとーさんの姿が見えた。我々はその顔の向いているほうに慌てて視線を送る。

「あやちゃん、早くしなさい！」

おとーさんがさっきよりも強い口調でいう。よかった。あやちゃんは行方不明などではなかったのだ。まだ海縁りにいて帰り支度に手間がかかりぐずぐずしていたらしい。

「あやちゃん！」

おとーさんはすでにバス停のほうまで行ってしまっている。さああやちゃんもっと早くしないと……。見ているだけの我々としてはどうも落ちつかない。バスがきてしまったらどうするんだ。

直射日光とタタカウ着色剤もあざやかな氷レモン。あたりにはカラオケの演歌がとびかい、頭上を海風が熱風と化してひょうと通りすぎていく。

前頁―おとーさんはぐずぐずしているあやちゃんを置いて先にバス停の方へ行ってしまった。見ている我々は気が気でない。この一騒動がすんだあと浜はまた静かになった。実になつかしい気配のする海岸だった。

盛岡は北緯四十度線でピョンヤンとつながっている。伝説の冷麺ラインだ。駅前の冷麺屋さんで食べる大盛り激辛が初日の勝負技なのだ。

北の国の夏祭りだ。中学生の女の子たちが浴衣を着るのを楽しみにしていた日でもある。夜祭りの開始まであと三時間。

右頁―神輿(みこし)をのせた漁船の上では奉納踊りがはじまった。

大漁旗をひるがえらせ、ごんごんと漁船団がいく。汐のにおいと太陽の光のバクハツが海上にはじけている。海の祭りは心が踊る。

巨大なハリボテナギナタを持った天狗さんも暑さで顔が赤くふくらんでいるように見えた。

熱風の中を歩いてきたアルバイトの巫女（みこ）さんは、船に神輿がのると漸く弁当をひろげた。

丸いのがたくさん干されていたのでなんだなんだと近づいていったら、イカ徳利の工場だった。いろんな加工食品にされるイカであるが、トックリにされるとは思ってもみなかっただろう。

静かな内湾。ホヤやホタテの養殖産地だ。親切な漁師に案内されて、とりたてのそいつをゴチソーになった。ホヤもホタテも甘くて身がたっぷりしている。

通りかかった浜松、吉田、富士の静岡代表ナギナタチームに勢揃いしてもらった。

観音様をバックに釜石工業高校
野球部に勢揃いしてもらった。

とりたてのホヤをパキリとむいた。北の海を代表する豊饒の味のひとつだ。

ビキニ姿のなかなかすらっとした女性がこっちを見ている。望遠レンズを向けたらその中で目があってしまった。ん？　まずい。その人が近寄ってくる。ん？　そんなものでじろじろ見ないでよ！　などと怒られてしまうのだろうか。思わず逃げそうになっていると「あの、シーナさんですね。本読んでます」というお言葉。よかった。

あやちゃんのほうもなんとかバス停のところまでたどりついたようであった。よかった。ハマナスの青い実が沢山みえる。

ぶらぶら歩いていくと小学校があった。休日なので生徒の姿は見当たらない。遠く祭り囃子（ばやし）が聞こえてくる。なんとなくみんなで簡単なトリウチ野球をやることになった。だいぶ斜めになってきてはいるが夕日がまだ相当に眩しい。

暫くおじさんたちで遊んでいると、女の子と男の子のまじった小学生が六人ほどやってきて「一緒にやらせてください」などという。ありがたいことにこれだけ人数が増えれば三角ベースの野球ができる。早速おじさんと小学生の混成チームを作って試合開始した。

ここで思いっきり一遊びしておけば、夜のビールのうまさが爆発する。ようしようし。

喜んでいるとすぐに少し大きなお姉さんがやってきて「さとし！　ごはんよ」など

としっかりした声でいった。

「んーん！」といってさとしがいきなり駆け去っていく。昔の野原の三角ベースでもこんなことがあったよなあ。一人去り、二人去り、だんだん暗くなっていって……などと思っているとその他の子供も「ごはんだから……」といって一斉に駆け去っていってしまった。あっという間のことであった。なんという喪失感。

ぼんやりしていると祭りにいくらしい中学生の男女がやってきた。女の子の浴衣がなかなかいい。

神輿がふわふわ

浄土ケ浜の見えるホテルにチェックインした。寒いくらいにクーラーが効いており、スイッチを切っても冷気は濃厚に残っている。十分ほどいると本当に寒くなってしまったのですぐさま温泉に入った。少年たちと野球をやってきたので、そのあとすぐの温泉は申しわけないくらいに気持ちがいい。

申しわけない申しわけないといいつつたっぷり熱い湯につかった。これでこのあとすぐに冷たいビール方向にいくと申しわけなさは頂点に達するだろう。

ホテルの人に近くで美味しい魚を食わせる店を聞き、喉をかきむしりながらそこに急いだ。大きい店でイケスがあり、炉端の席だ。

突き出しはマツモ。中ジョッキのビールで「死んでもいい」ウグウグ態勢に突入した。

そのうまさにたちまち昏倒即死するが、すぐに生き返って二ハイ目の中ジョッキにいく。もうこうなったら何度死んでもいい。

旬のホヤ、いか刺身、ホタテ浜焼きなどを注文。とりあえずシアワセな一日であった。

ほろ酔い機嫌で宮古駅のほうに向かった。

夜の祭りを見るためである。

駅の周辺は賑わっていた。商店街の両端に沢山の屋台が並び、大勢の人々が行き交っている。久しぶりに見る日本の小さな正しい祭りの風景だ。

駅のベンチに中々いい感じの若いカップルが座っていた。男は浴衣を着ているのだが、暑いのか照れくさいのか頭にタオルを巻いていて、どうも折角の浴衣と釣り合いが悪い。聞くと男は二十歳の水道屋で、どうもそのタオルは日頃仕事の時の癖らしい。連れの娘は十九歳。カメラを向けると娘は「えーマジー」と例のコドモ言葉になってしまった。どうもこの「マジー」というのと「ウソー」というコドモ言葉にいまだになじめずにいる。

屋台の並んでいる通りを歩いているのは殆ど中、高生のようだ。女の子はみんなこの日のため、というようなとりどりの浴衣を着てお洒落している。

東北は美人が多いからそんなふうに浴衣を着ているとけっこう大人の女のように見えてしまう。でも屋台でワタアメなんぞを大騒ぎして買っているところはやっぱりモロに子供だ。

昼間いった堤防広場にいくと、クレーン車に巨大な照明装置が載せられていて、あたりは昼のように明るかった。そうだ。祭りのテーマは「港町は眠らない」というのであった。

昼のあいだ、海に関係するカラオケ大会をやっていた舞台では、プロとおぼしき女性歌手が「涙の太陽」を歌っている。

その舞台の横にあるニジマスのガラ棒かけという釣りが賑わっていた。作務衣(さむえ)のおとーさんや浴衣のヤンママふうなどが夢中になっている。隣は金魚すくい。その隣はミドリ亀を売っていた。もうそろそろ十時であるが、ここだけ別世界のようにさんざめいている。なるほどたしかに港町は眠らないのだ。

海風がとおり抜けていくお祭り広場は昼と違ってヨッパライが断然多いが、でも大声をあげたり騒ぎをおこすこともなく、みんなで一様に夏の終わりの夜を楽しんでいるようであった。

翌日もいい天気であった。昨夜、夏の終わりの夜、などといったが、とんでもない話で、朝から黙っていても汗が噴き出てくる。

「港町の夏は終わらない」――のである。

もう少しこの町の風景を見ていこうと駅前通りのほうに行くと、昨夜は気がつかなかったが、商店街に夥しい数の大漁旗が飾られていた。なるほどたしかに海の祭り、漁師たちの祭りなのである。変な色をしたチープな造花や、プラスチックの飾り物をぶらさげるのよりもよっぽどいい雰囲気だ。

商店街はもう活発に動き回っているようであった。

漁協のあたりを通ると神輿（みこし）の行列があった。そういえば昨日、神輿のことを聞いた。午前中に街の中を練り歩き、午後に漁船に乗って港に出るのだという。

さっそくその神輿のあとをついていくことにした。子供の頃こうして神輿や山車（だし）のあとについてどこまでも歩いていったものだ。

神輿の周りは武者と巫女（みこ）と天狗法師のような扮装をした十数人が囲んでいる。

この凄じい暑さの中、かれらの衣装は結構生地が厚そうで、みんな顔が真っ赤になっている。足はスニーカーの人が多い。

それでも今年の祭りは小規模で、何年かに一度、このあたりの神輿や山車がそっくりでてきて、相当に賑やかな祭りになるのだという。

休み休み、神輿の一行は街を進んでいく。あまりの暑さのためか、見物人が少ないのが残念である。太陽の光で白くバクハツしているように見える橋の上を神輿がふわふわ揺れるようにして進んでいく。やがて港に入り、そこでいよいよ船に乗って出ていくのである。

神輿船団の巡行

漁港に行ってみると、いつの間にやら沢山の人が集まっている。岸壁にもいるが、強い日差しを避けて漁港の巨大な屋根の下にいっぱいいる。岸壁には沢山の漁船が並んでおり、みんな賑やかに色とりどりの大漁旗をはためかせている。強い風が吹いてその旗が見事に翻って中々勇壮である。

漁港のどこからかずっと海の演歌が流れているのだが、沢山の大漁旗をつけた何隻かの漁船と海の演歌が憎いくらいにぴったりあって、近頃まあこれほど風景にはまっているＢＧＭというのも珍しい。

岸壁の上にテントの売店のようなものができているので見にいったが、とくに何か品物が置いてあるわけではない。小さな手書きのポスターを見てわかった。これから出発する神輿を乗せた船に乗船する人々の手続きをしているのであった。神輿と一緒に海を巡行できるなんてめったにあるチャンスではない。早速申し込んで、その出発を待った。

間もなくさきほど町で見た神輿の一行がやってきた。みんな暑さと汗で赤く膨らんだような顔をしている。いやはやまったくごくろうさん。

漁港の大きな屋根の下で神輿の一行はようやく一休みとなった。大人はビールをくいと呷(あお)り、子供たちは水を飲み、水菓子などを頬張る。武者行列のおじさんたちは滝のような汗を流している。

一休みすると、岸壁の上で「鹿踊(ししおど)り」がはじまった。笛と太鼓の音にあわせて飛び跳ねるようにして踊る。この鹿踊りのさなかに神輿が船の上に積まれていくのだった。その様子を写真に撮り、遅れてはならじとぼくも船に乗った。

神輿のまわりに神主と巫女、そしてさっきの武者行列の人々が陣取っている。やがてなんの前触れもなく船は出発した。船団は六隻。神輿の乗ったわが船は一番後ろをいく。船が港を離れるとすぐに食事の時間になった。大きなプラスチックのバケツの中に大量の氷でビールや清涼飲料などが冷やされている。ああ、いいなあ、ビール持って乗るんだったなあ、と悔しがっているとその顔つきを見破られたらしく、側にいた祭り関係者が「あいよ」と言って我々に缶ビールをほうりなげてくれた。いやはや有り難いことです。

頭の上で大漁旗がバサバサと重厚な音をたてて翻り、船はぐんとスピードをあげていく。大漁旗で満艦飾の六隻の漁船が縦一列になって白波をけたてていくのはなかなか見事なものである。

みんな一休みかと思ったら、神輿の前に座っている三人の神主さんは衣装も脱がず、まだ一心に祈りを捧げている。なるほど神事であるから当事者は大変である。考えてみると一年に一度神輿が海を渡っていくのである。しかしお腹がすいているとみえ、その神輿の横で三人の巫女さんが一心に弁当を食べていた。中学生か高校生のアルバイトのようであった。

太陽は相変わらず強烈な陽光をまきちらしている。風を切っていくので暑さは陸にいた時のようには感じないが、この海の青さは太陽の光の強さのたまものだろう。

船には沢山の人が乗っていた。祭り関係者とぼくのような一般の神輿追跡組のようだ。

船団は湾の中にある黒崎神社の沖に行き、そこから奉納する。やがて笛や太鼓の音が鳴りひびき、船主が舳先（さき）にやってきて、そこから酒を注ぐ。皆が祈りを捧げ、笛や太鼓がまた軽快に高鳴る。海に捧げる祭りというのはなかなかいいものだ。

やがて前甲板（かんぱん）に男がやってきて素早く恵比寿様の衣装に着替えた。笛と太鼓が恵比寿様の踊りの曲になり、それに合わせてコミカルな踊りがはじまった。学芸会のような紙にかいたタイの獲物を恵比寿様が釣り上げようとするのだが、まわりに座っているおとっつあんたちが邪魔をしたりして、笑いがわきあがる。しかし甲板の舞台の上で踊る人はとにかく揺れる船の上であるから、なかなか大変だ。船客たちは前甲板に集まり、拍手や笑い声がさんざめいて海上の風に流れていく。

この祭りを支えているのは宮古の漁師たちのようであった。昼の御神酒（おみき）が効いてきているようでもあり、みんなゆったりとして汐に刻まれたいい顔をしている。四方八方、海のおとっつあんたちの心地のいい祭りなのだ。

とりたて ホヤの丸かじり

淡々とした流れのなかで船の祭りは終了した。出発した漁港に戻ると、再び鹿踊りの迎えるなかで神輿は陸にあげられ、元の神社に戻っていく。また一年後に海に出るまでそこでじっとしている訳である。

祭りの関係者は船に飾られていた大漁旗を外していき、まことに迅速で手際いい。しかしこうして祭りが終わっていくのを見るのはなんだか寂しいものだ。同時に腹が減ってきているのに気がついた。

地元のT君が近くにちょっと面白いラーメン屋がありますから、と案内してくれた。町の小道をすこし入ったところにあまり目立たないかんじでその店はあった。店の名は「たらふく」。わかりやすいのだ。

この店は中華そば四百五十円しかないのでメニューというものがない。先客が何人かいて淡々と食べている。店の壁には何故かいろんなカレンダーが二十枚ぐらい貼られていて、待っているあいだどこを向いても今後の予定などをぼんやり考えてしまうような仕組みになっている。

その店のラーメンのだしは煮干し味であった。手打ちの麺はちぢれていて、余計な具はあまり入っていない。味は煮干しだしのわりにはあっさりとして素朴なうまさだ。今の経営者の先代が屋台のラーメン屋からこしらえてきた味だという。

外に出るとやっぱりまだまだ相当な暑さだ。体の内側があつくなってしまったので日差しの中に出るとどっと汗が噴き出てきた。クルマの冷房をフルに効かせて隣の山田町に向かった。

ここは陸中海岸のほぼ真ん中あたりに位置し、リアス式海岸の乏しい平地のなかのひとつの集落である。目の前に山田湾がひろがっている。周囲二十五キロ、湾口一キロのほぼ円形の湾で、波も静かなことから「海の十和田湖」とも言われているそうだ。いかにも海の資源が豊かなかんじで、案内書を見るとカキ、ホヤ、ホタテ、ワカメ、ノリの養殖がさかんであるという。湾の外に出るとその沖合いは親潮と黒潮の交差する日本最大の三陸沖漁場で、ここはそのスルメイカ、サンマ漁の拠点でもある。

そして嬉しいことに今はホヤが旬である。ホヤは主にこの東北の太平洋側でとれる。だいぶ癖のある味なので食べつけていないとその本当のうまさがわからない、という技のきいたシロモノでもある。とくに東京以西の人は殆どダメという話を聞いた。そっちの地方では陸揚げされないので新鮮なものを口にすることができないから本当のホヤのウマさがわからない、ということもあるのだろう。

ぼくは昔からやたらとあっちこっち動き回っていたので、かなり以前からとりたての美味しいホヤを食べていた。そういう様子を見て地元のひとが「東京のヒトでこんなにホヤをおいしく食べるヒトも珍しい」とほめてくれるのである。ほめられると嬉しいからさらに食ってしまうのである。

ある時は女川（おながわ）というところでフーカー潜水している専門のホヤとり人からその装置を借り、自分で潜って天然のホヤを岩壁からひきちぎり、それで「ホヤ丼」を作って食ったことがある。地元の人はホヤ丼なんて食わないが、やってみたらなかなかうまかったのだぞ。

そんな訳でひさしぶりにホヤの産地にきて、ぼくはどこかコーフンしていた。一刻もはやく旬のホヤと再会したい。「ホヤさーん」。

この湾でホヤの養殖をしている飯田さんを訪ねた。さっそく舟でその養殖の筏（いかだ）に連れていってもらった。岸から三分ぐらいのところにある。

筏の下には沢山のロープが垂れ下がっており、ホヤはそこに鈴なりになっている。飯田さんがロープを引き上げ、くっついているホヤを無造作にひきちぎっていく。舟にころがったホヤを飯田さんのお母さんがすぐに包丁で器用に剝き、とりたてのところを食べさせてくれる。この段階だとホヤのような原始的な生物はまだ完全に生きているのだろう。皮を剝かれながら「なんだなんだどーしたんだ」といっているうちに食われていってしまうのである。そしてこのとりたてのホヤはとりわけ甘くてうまいのだ。

ホヤには独特の匂いがあり、その形態がなんとなく何かの内臓に似ているようなので、そういうところから敬遠する人も多いらしい。皮を剝くと黒い内臓がところどころに見える。これをとりのぞいて食べる人派と一緒に食べてしまう人派といろいろいるらしい。本当にココロから好きな人は皮ごと食べてしまうという。まるかじりである。

飯田さんが我々を筏の上に残し、「少し待ってろ」と言って舟でどこかに行ってしまった。間もなくもどってきた飯田さんの舟には沢山のホタテ貝があった。これをやっぱり包丁で殻をくるんと剝いて食べる。軟らかくまことにうまい。ビールがほしくなってきた。

みんな勢揃い

そこから国道四五号線をしばらく行くと、イカ徳利をつくっている工場があった。カラスよけの網の中に沢山のイカ徳利がぶらさがっている。面白いのでイカ徳利の全員集合写真を撮った。イカも平らにのばしてスルメにされたり中にゴハンを詰め込まれてイカメシにされたり押しつぶしてのしイカにされたりいろいろ大変だが、よもやこんなふうに丸のまま干されて徳利にされるとは思わなかったろう。

イカなんだからちゃんと食ってほしかった、と言っているかもしれない。

けれどこのイカ徳利にアツカンを入れて徳利になったあと、ふやけたところをちぎって酒のツマミにするそうだから、最後にはこれでイカったと満足しているのかもしれない。

三陸のイカ徳利はスルメイカで、昭和初期の頃からつくられている。いまは三陸沿岸、八戸、北海道が原産地だがどうも一番最初は宮古でつくられたらしい。

イカ徳利のつくり方を見せてもらった。作業場でオバサンが数人、慣れた手つきで大量のイカをホイサホイサとさばいている。まずはイカの肝とトンビと墨袋を仕分けしている。イカで捨てるところは目と肝をのぞいたわずかな内臓と背骨の固いところだけらしい。どどっと山積みされたイカの目玉が数百個こっちを見ている。

イカ徳利はまずコンプレッサーで胴体に空気を吹き込み、丸い形に整えていく。胴体にくっついているミミは徳利の底の部分になる。手と小さな棒で器用に底ができていく。あとはこれを干して出来上がり。簡単な工程だがいかにも熟練が要求されそうだ。ひとつ八百円。本体が酒のツマミ兼用ということを考えればすごく安いのかもしれない。

とりあえず一丁というか一本というか一個というかおみやげに買って釜石方向へすすんだ。

遠くに観音様が見える。相変わらずよく晴れていて暑いのなんの。

途中県立釜石工業高校のグラウンドがあり、野球部が練習しているのでしばらく見物していくことにした。炎天下の高校球児のドトウの練習風景というのはなんだか見ているだけでくたびれてくる。首からカメラをぶらさげているのを見て「わーっ新聞かなんかに出るんですかあ？」と聞くので、練習のあいまに観音様をバックに全員集合の写真を撮らせてもらった。

この高校はけっこう強いようだ。今夏の大会では甲子園に出た盛岡中央高校に三回戦で当たり、三対〇で負けてしまったという。

外の通りに出ると手に手に何か長いものをかついだ女子高生らしき一団が歩いてくる。これからどこかに殴り込みにいく恰好だ。聞けばインターハイでここまでやってきたナギナタの選手で浜松、吉田、富士などの静岡代表という。そこでまた一同整列全員集合写真を撮影。イカ徳利を皮切りに、もうこうなったらとにかくみんな並んでもらうのだ。

釜石はかつて「鉄と魚の町」といわれ、随分活気があったが、新日鉄釜石製鉄所がなくなって今は衰退気味だという。

それでもとにかくどどんとこのあたりで目立っている観音様の足もとまで行ってみ

ることにした。長い参道があり、両側にずらりと土産物屋が並んでいるが歩いていく客は一人もいない。炎天下のウィークデイであるからそれもまあ当然だろう。

しかし土産物屋には店の人がいるので歩いていくと次々に声をかけられるのでたまらない。

観音様の拝観料七百円也を払ってさらに登っていく。自動発進型のエスカレーターがあって、これにのるとスピーカーから観音様関係を説明する自動アナウンスのようなものが聞こえてくる。炎天下、喋るのも暑いので黙って歩いていくのだがまわりが放っておかないというやつだ。

暑いのでせいぜい観音様の足もとにおすがりできればいいや、と思っていたのだが、足もとまで来てみるとその観音様の体内に入って上まで登っていけるという。こうなると人情としてやっぱり登っていこうか、という気持ちになる。やっと入り口附近で観光客の姿を見た。線香の匂いが充満している。らせんになった体内の階段は灯台のぼりのそれによく似ていた。エッサホイサと登っていくと、ついに最上階についた。像高四十八・五メートルのどのくらいの高さのところかわからないが、眼下に釜石湾がひろがっており、そこから涼しい風が吹きあがってきてなかなかのものである。案内板を見ると海抜百二十メートルであるという。この涼しさとこの絶景であれば拝観料七百円もとりあえず文句ないぞ。半円状になった展望廊をぐるっと回っていくと、さっきのあの釜石工業高校のグラウンドで球児たちがまだ元気よく練習している風景が見えた。時計を見るともう午後一時を回っている。あの球児たちは昼めしを食わなくてもいいのかな……とフト心配になった。

秋田の海辺を
ジグザグ北上

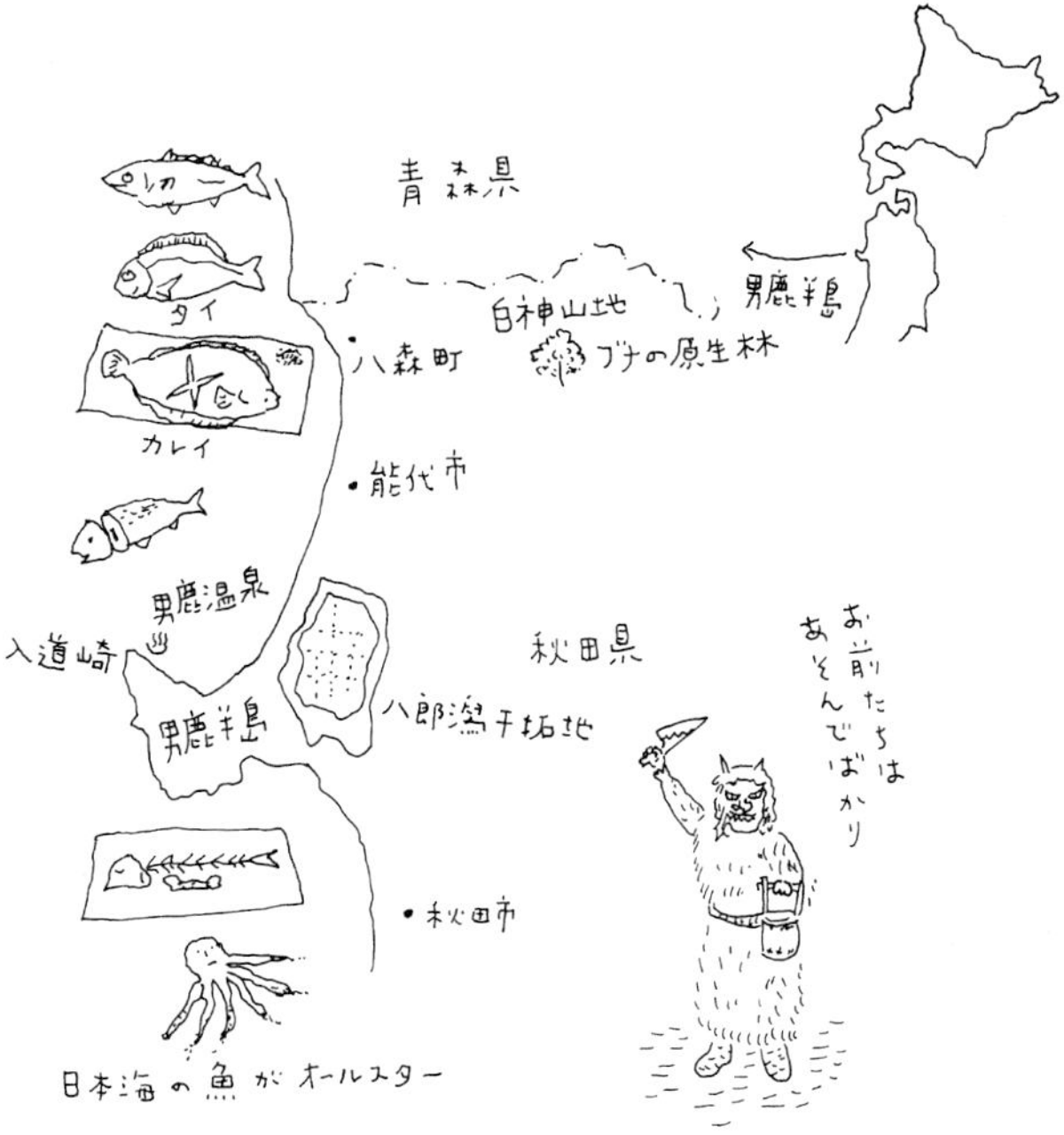

青森県
男鹿半島
白神山地
八森町
ブナの原生林
タイ
カレイ
能代市
男鹿温泉
入道崎
秋田県
八郎潟干拓地
男鹿半島
秋田市
お前たちはあそんでばかり
日本海の魚がオールスター

ナマハゲの洗礼

男鹿半島の南側の海岸線をクルマで走っていくと、芝生の公園を子供たちの一団が整列して歩いている。子供たちはみんな黄色い帽子をかぶり、先頭と最後列の女の先生がなぜかパイロン（道路の規制などで使われている円錐形のしきり標識）を持っている。背後の海の風景とその一団の色の対比がなかなかよかったので待ち受けて写真を撮ることにした。

今回は男四人の団体旅行である。にぎやかというかムサイというか、見る人によってはタダナラヌものになっているかも知れない。

いきなりそのヘンなおじさんが四人もクルマから躍りでてきてカメラなんぞをかまえたわけだからこれは相当警戒されるだろうな、と思いこちらもやや警戒していると、先生は「こんにちは」とかろやかに挨拶してくれた。列をつくった子供たちも「こんにちは」と明るく正しい声でいうので慌ててこちらも「こんにちは」とできるだけ正しそうな声をだした。

近くの脇本第一小学校の一年生とその先生であった。遠足かと思ったら生活科の勉強です、とやっぱり明るく正しい声で答えるのである。

数時間前の羽田空港で顔面に蛍光塗料のようなお面型の化粧をしているコギャルなんていうものを見せられてきた目に、この一団の素朴な美しさというものは実に日本むかし話を見ているようななつかしい風景である。二人の先生の持っているパイロンは、行列を解いて自由散開したとき、一年生の展開範囲を示すためのものであるらしい。

男鹿駅の近くのスーパーで梨と一緒に腹の大きくふくらんだハタハタを売っているのを見つけた。秋のものと冬のものが同居しているのだ。果物と魚の同居というのもいいではないか。東北のこのあたり、近頃ハタハタがまるでとれなくなってしまった、と聞いていたので激しいムナサワギをおぼえるのであった。キャンプ旅であれば、そいつを手にいれて海岸べりのキャンプの料理に使えるのに残念である。うーむホントに残念、と思っていると腹が急速に空いてきた。途中で見つけた海沿いの小さなホテルのレストランに入った。稲庭うどんを注文。

この「海を見にいく」旅は海を眺めるのと同時になぜか「うどん」を非常によく食う旅でもあり、これまでにも「五島の椿うどん」「さぬきうどん」の圧倒的にうまいところを攻めてきた。ここで「稲庭うどん」のうまいところをすすってしまえば〝日本三大うどん〟を制覇することになる。

ようし！　と思ったが、出てきたのはいかにもという感じのホテルのおしきせこんな程度でどうですかうどん——であった。しかしまあホテルのレストランなんかに入ってしまってるのだからしょうがない。

やや不満足の腹をさすりながら、やがて入道崎に到着した。崖の上の広場に灯台が立っており、その背後に沢山のお土産屋が並んでいる。よく見るとそれらの店の正面に大きな「ナマハゲ」像が立っている。全部の店に巨大なナマハゲがおり、それらのなかには動いたり喋ったりする電気仕掛けナマハゲもいて、どうも大変に騒々しい。食堂のメニューも「ウニ丼」「イクラ丼」などにまじって「ナマハゲ丼」というものもある。ハルマゲドンにも似ているが、いったいどんなドンブリなのであろうか。考えてわかるものでもない。食えばわかるのだが、さっきあせってまずいイナニワうどんを食ってしまったのでもう食えない。

それにしても広大な海原を一望できる素晴らしい場所である。広い草の原っぱに何かモニュメントのようなものがあるのでよく見ると北緯四十度線をしめすラインであった。この前旅した宮古がやっぱり四十度線であったから山をこえて同じラインを再び旅していることになる。

そのまま進んでいくと自動的にその日の宿泊地である男鹿温泉郷に着いてしまった。小さな温泉まちである。おきまりの土産屋、バー、スナック、飲み屋などが並んでいるが、まだ裏町がにぎわう時間前なのでどこも閉まっている。いや全体のそのくすんだ様子からいうと時間前なので閉まっているのかもうとっくにつぶれていてずっと閉まったままなのか——というあたりがよく分からない。いずれにしても明るいなかで見る温泉歓楽街というのはたいへんうらさびしく見える。

路地の端のほうにストリップ小屋があった。こういうところのストリップを見るのもいいな、とおとっつあん四人、顔を見合わせてうなずく。しかしここも閉まっているのかつぶれてしまったのかよく分からない。

八郎潟の沈黙

夕食はホテルの近くの居酒屋「福の家」へ行った。客はチラホラ。シーズンオフのウィークデイであるから当然だろう。生ビールがあるのがうれしかった。この店の自慢はアナゴであるというので迷わず注文した。

しかし出てきたそれは想像していたのとだいぶ違っていた。骨つきの輪切りでごりごりゴツゴツしている。肉も硬く、味もなんだか強引でくどい。アナゴではなくアナコンダではないのか？　などと一同顔を見合わせていると、様子を見ていたのか店の親父が説明してくれた。

「コレ、関東でいうアナゴじゃなくてヤツメウナギですわ。正確にはヤツメウナギの仲間。炭火でじっくり焼くと皮が焦げず、軟骨なので丸ごとこりこり食べられるんですよ」

このヤツメウナギの仲間は男鹿半島の沖合い水深四百メートルぐらいの海の中にいて、これをとる漁師は男鹿に二人しかいないという。なんだかよくわからないけど、じゃあすごいもんなんだろうな、と言いつつそれを食ったが正直な話あまりうまくない。うまくないからコレをとる漁師も減ってしまったのではないのだろうか、と思ったがそのようなことは言わないコトにした。

店を出て、ホロ酔い気分で温泉街をブラブラしようと思ったが、あまり店はやっておらず、歩き回っている客もいない。「まりな」というスナックの前に客引きというよりも単なるヒマつぶしのようにしてぼんやり立っていたオバちゃんに「お客さんは入っていますか?」と聞いたら「誰もいないよー。不景気だからねぇ」とつまらなそうな顔で言った。こっちはおとっつあん四人組である。客としてはおあつらえむきだと思うのだが全然誘う気配もない。そうなると積極的に入るのもナンだし、そのままさらにブラブラ歩いていった。夕方見つけたストリップ小屋のある横丁もまったく電気が消えており、どうやら横丁そのまんまつぶれてしまったらしい。その先に「リトルJAPAN」というカラオケ屋があり男三千円、女千五百円飲み放題と書いてあった。しかしここもしんとしている。あまりにもわびしいのでそのまま宿に帰って部屋のビールをのみ、テレビを見て寝てしまった。

翌日は八郎潟へ向かった。のんびりクルマを走らせて一時間で到着。その昔日本で二番目の広さを誇ったこの湖は、地図で見ると、今は水路で囲まれた島のようである。

八郎潟は戦後の食糧不足と、当時九万人を数えたという農家の次男、三男のハミダシ人口の労働対策などのために農地を拡大しようと干拓がすすめられた。しかし六年におよぶ工期の間に豊作が続き、日本経済が高度成長期に入り、農村の余剰人口はそのまんま都市部に流出し、干拓事業は本来の目的を失ってしまった。入植者と政府の減反政策の齟齬も表面化し、そのためいくつもの事件が頻発した。

いま大潟村は人口三千三百五十二人。九百六十世帯のうち農家は五百六十世帯あり、二十世帯が離農しているという。殆どクルマも走っていない立派な直線道路は秋の強すぎる陽光の中でむなしく沈黙していた。

広大な農地に入ってみたがそこも殆ど人の姿が見えない。かわりにバッタやイナゴが沢山いた。遠くに薄むらさき色の山々が見える。ここが湖だった頃の風景を想像してみるが、なかなか難しかった。

農道をさらに入っていくと、やっと稲の中で草とりをしているオバサンに会った。今年の稲の実りぐあいを聞いたが、

「刈ってみなければわからねえ。今年は日照りだったからよくねえんでないか」

という返事。

さらにもう少し行くと大豆畑にオジサンがいたので少し話を聞いた。高校を出てからずっと農業をやっており、今年で四十五年になるという。大豆も日照りで背が高く伸びすぎ、実がまばらでダメだという。

さらにまた進んでいくと今度は小豆畑に老人がいた。小豆も実が小さくて今年はダメだという。どうもあっちこっち景気の悪い話ばかりだ。

さらに進んでいくと風になぎ倒された稲をひっぱりおこす仕事をしているオジサンがいた。数日前に吹きあれた風のしわざだという。稲は倒れたままだと育たず、刈り入れの時にコンバインが粉砕するだけでなんにもならないから今のうちにそっくり全部元に戻さなければならないのだという。

広大な田んぼを横断すると水路に出た。むかしの八郎潟の名ごりの水路である。

釣りの青年が堤防の端で竿を振っている。ブラックバスを狙っているのだという。引きを楽しむ釣りだからキャッチ・アンド・リリースだという。ぼくはこのキャッ

チ・アンド・リリースという耳ざわりのいいコトバの釣りがキライである。釣った魚は食え！　食わないなら釣るな！　そのむこうに川船が浮かび、網を使っている。何をしているのかわからないが、ここは昔、ワカサギ、フナ、ハゼ、セイゴ、サヨリ、ウグイ、シラウオ、イトヨ、ボラなどの漁がさかんだった。

アスファルトの広い道路を進んでいくと、また別の水路があり、その川ぞいに日本一低い海抜〇(ゼロ)メートルの「大潟富士」があった。

八森町での喜びと悲しみ

能代(のしろ)の駅前でちょうど昼時間だった。何を食うかを皆で検討した。K君いわく、駅前にはかならず旨いラーメン屋がある、そういう店を見きわめるのには、①小さい店で路地の奥にある　②暖簾が汚れている（沢山の人がくぐるので）　③店の前にクルマや自転車がとまっている（遠くからの客がいるから）　④芸能人の色紙などが貼ってない　⑤厨房で沢山の人が働いている、の〔ウマ店発見の五原則〕があるという。

N氏が素早くその五原則に合致する店を見つけてきた。一同どどっと突撃。

なるほど店の前の路地には軽自動車が何台かとまっている。暖簾はかなり汚れていた。店は小さく十人も入ればいっぱいである。先客が二人。壁に色紙が貼ってあるが、芸能人のものではなく近所の中学や高校の生徒たちのものだ。

「つまり地元の人がいっぱいきているのですよ」K君が得たりとばかりそう呟く。

厨房には女の人が三人いる。みんなよく太っている。

「うまいからつい店の人も食べてしまうんですよ。で、あんなふうに太ってしまう」

K君の小声の註釈が続く。なるほどいちいち納得できるのである。

チャーシューメン、チャーハン、餃子、タンメン、中華丼が四人のおじさんたちの注文した品々であった。

ぼくはラーメンにした。まもなく出てきたそいつのまったく不味いこと。ラーメンはスープが濃すぎて表面にアブラのようなものが浮かんでいる。味はなんだか一週間ぐらい煮返した味噌汁みたいだ。麺は腰がまったくない。それでも半分食ってしまうオノレが悲しい。

あとの皆もそれぞれ同じような感想であった。結局K君の〔ウマ店発見五原則〕の①はよしとしても、②は単なる不精、③の自動車の列は無関係の人々、④は芸能人の色紙を貼りたいが来ないので味もわからぬ近所の常連のガキの手になるもの、⑤は単なるデブ一家らしい、という結論になった。バカタレメ、とK君が皆から罵倒足蹴りにされたのは言うまでもない。

でもまあしょうがない、夕飯にとびきりうまいものを食おう、とみんなで静かにうなずきながらさらにクルマを進めた。

着いたところが八森(はちもり)町。ここは青森県との境にあり、ブナの原生林のある山として有名な白神山地の南西部に位置している。十年ほど前、この山に四季折々登ったことがある。八森町にも何度か泊まったことがあり、懐かしいところだ。モノの本を読むと、秋田音頭の「秋田名物八森（はつもり）ハタハタ、男鹿で男鹿ブリコ（卵のこと）」の八森はこの八森で、糠森、狐森など八つの森に囲まれているから八森という名称になったという。

つまりこの八森町はかつてはハタハタ漁の中心的な場所だったのである。クルマはその八森漁港に入っていった。それにしてもここまでくるあいだ道路沿いの海岸に殆ど人の姿を見なかった。日本の地方の漁村にヒトの姿がない、ということはこれまでこの海べりをめぐる取材でよく分かっていたが、それにしてもこの東北の日本海側というのはあまりにもしんとしすぎた寂しい風景ばかりだ。

漁港に入ってくると僅かに何人かヒトの姿があった。堤防の先端でイカを干しているオバサンだった。今朝とれたもので三日ほど干してスルメにするのだという。

旅行者とわかると生干しのイカを五枚ほど「ハイヨ。これもってって宿屋で焼いてもらいな」と渡してくれた。

同じ漁港に船の修理をしている男たちがいた。しばらくその様子を眺めていたあと少しずつ話を聞いた。このあたりの人はみんなシャイで話はブツぎれだ。しかし次第に打ち解けてきて、いろんな話を聞くことができた。

みんな小さな船の一本釣りの漁師だった。都会の会社と同じで今は海も不景気だという。まもなく堤防の隅で小さな宴会になった。「ハイヨ」といってビールを放り投げてくれる。ツマミはサキイカであった。ひとしきり海の話を聞いてからまた北上した。

途中でなかなか感じのいい小学校があった。下校の時間でチビたちがランドセルをしょって帰っていく。今回は男が四人いるので、小学生を交えて野球でもしようか、ということになった。

学校の先生に許可をもらい、グラウンドでかるく打ったり捕ったりしているとすぐに小学生がそこにまじってきた。こういう時はこんな発作的な野球などやるとすぐに子供たちと強烈に親しくなる。一時間も対抗試合をしたらもう大親友だ。

ようしいい具合だぞ、と思っていると年配の男の人がやってきて「あんたたちは誰の許可を得ているのか」と怒った顔で言う。

校長であった。どうやらさっき許可をもらった先生は下っぱで、校長先生に許しを請わないといけなかったようだ。暑いのでシャツを脱いで上半身ハダカになっていたのもいけなかったようである。折角八森少年団と対抗戦ができるかと思ったが、あえなく退散した。うーむ夕日が寂しいぞ。

怪しい三人組との遭遇

いったん校庭でバットとボールの感触に触れてしまったものだから、駄目、と言われても、もうすでに体が反応してしまっている。ほんの僅か十分ぐらい体を動かしただけであるが、早くも全身が汗ばんでいる。このほてった体をどうしてくれるのよ。

悶々とした気分でクルマを海沿いに十分ほど走らせると、高台にまた小学校らしい建物が見えてきた。迷いつつもついそっちのほうにハンドルを回してしまった。このところむかしやった草野球にすっかり全身がハマッテしまっているのだ。四人しかいないがなんとか打ったり捕ったりはできる。

さっきの小学校の冷たいしうちの教訓もあって今度はモロに校長先生に許しをもらいにいくことにした。しかし校長はおらず応対に出てきたのは女性の教頭先生であった。

「まあいいでしょう。そんなに遅くまでやるわけではないんでしょう」

「ええ、ほんの三十分ぐらいのものです」

「じゃあよいですよ」

「あの、あとから校長先生がきて、わしの許可がないから駄目だ、なんて言わないでしょうね」

「校長は外出していて今日は帰りません」

「やった！」と思ったがおとっつあんだからそうは言わない。

「じゃお借りします」

校庭は広く、高台だから遠く海が見える。背後は白神山地の前衛の山々である。こんな校庭で運動ができる生徒は幸せである。

四人で打ったり捕ったりしていると、山のほうからいきなり男が三人現れた。今度は学校関係ではないようである。山からおりてきたらしいのだが、一人は地下足袋、一人は茶髪、一人は外国人である。どうも見るからに怪しい。

「我々も一緒にやらせてくれませんか？」

彼らはいきなりそう言った。人数がすくないから丁度いい。すぐに二手に分かれて試合をすることになった。二回の裏、外国人の打順になった。あきらかに一塁アウトの凡フライで全力疾走してくるのでこっちのS君もついついあせって全力でアウトをとりに行った。そして外国人と壮絶な正面衝突。外国人は目の上を切ってしまった。出血激しくそれで痛みわけである。

「おたくらは漁師さんですか？」

地下足袋の男が聞いた。「いや、違うんだけど」「じゃあ農業関係ですか？」いろいろ聞いてくる。こっちも彼らの素性を知りたいところだった。

やがて判明した。彼らはこの時期山から麓におりてきて畑の作物などに悪さをする山猿をバクチクなどを鳴らして山に追い戻す学生のボランティアなのであった。S君とぶつかった外国人はチェコ人で野球をやったのは初めてという。どうりで少しヘンだなあ、と思っていた。知ってたらあんな凡飛球で全力疾走はない。

しかしまあなかなかに気分のいい連中であった。彼らはほかのボランティアとここで待ち合わせをしているのだという。まもなく彼らの仲間がやってきた。チェコ人のほかにも英米系の外国人がいる。みんな宿舎で自炊だというのでさっき港で貰ったイカの一夜干しを彼らにそっくりあげることにした。

そうこうしているうちに校舎から数人の先生がでてきた。ああやっぱりまた怒られるのか、と一瞬逃げることを考えたが、ボランティアの若者たちの手前それもカッコ悪い。

覚悟して待っていると、そうではなくて遠来の人がきた、というので話をしにきたのであった。全員で記念撮影。先生の一人は巨漢で百四十キロあるという。ぼくの丁度倍のウェイトだ。百四十キロというのがどういう感じなのかその先生にくみついて押してみたが、ちっとも動かない。それをみていた数人の外国人が「スモウレスラーだ」と言って感動していた。

そろそろ暗くなってきたので皆に別れをつげ、能代の市内に向かった。三十分ぐらいのつもりがたっぷり一時間も体を動かしていたので喉も渇いているし、腹も減っている。あてずっぽうに入った店にきっぱりと生ビールがあった。鍋ものがうまそうである。

店の人の勧めに従って「じゅんさい鍋」と「クジラかやぎ」「さんしょ入り味噌たんぽ」などを注文した。

ほかにも少々迷ったメニューに「豚肉鍋」「馬肉鍋」などといういかにもスルドイ勝負を挑んできそうな品目があったが、まあハヤル気持ちを抑えてイブリガッコの突き出しでイッパイやる。躍動の後のビールだから卒倒もののうまさである。

その店の若奥さんらしい人はいかにも秋田美人の顔をしていた。そういえばこのたびの旅の楽しみはどのくらい秋田美人と出会えるか、という項目がひとつあった。しかし考えてみるとまだそのような人にあまり出会っていない。

「秋田美人の多発地帯があるのですよ」

いきなりS君が怪しい含み笑いとともにそう言った。

ハタハタのレントゲン

次の日は朝から雨だった。雨にけぶっているが、それにしても秋田のこのあたり、海と山の間にずっと細長く広がっている漁村のつらなりはつくづくいい風景である。昨日までのおだやかな陽ざしの中でのジグザグ旅もいいが、雨の日の北上も中々よさそうではないか。

そんなことを話しつつ四人は再び海岸沿いを進んでいった。しかし天気がよくても人の気配のなかった海岸沿いは、雨になるとさらにヒトの姿が見えなくなり、水しぶきをあげて道路を行き来するクルマしか動くものはない。

いつの間にか秋田県をこえて青森県に入ってしまった。まあ別に「秋田限定取材」ということでもないのだからそのままどんどん北上していってもいいのだが。途中に白神山地の登山口方向を示す標識があったのでそっちへハンドルを切った。十数分で車溜りがあり、そこから徒歩で行くようになっている。カッパをかぶった中年男女の登山グループ一組と出会った。

どうもこのままではどこへ行っていいかわからない。K君が携帯電話でハタハタの工場の所在地を調べた。このシリーズには「困った時の小学校」「いざとなれば工場見学」というふたつの緊急取材の合言葉がある。

その土地の生産物を加工している工場にいくと必ず何かめぼしいものが見つかるのだ。

ハタハタといったら秋田の「県民魚」である。昔は産卵期になるとハタハタの白子で海がまっ白になってしまうほどそれはそれはおびただしい数のハタハタがおしよせてきた——と、冬の秋田にくるたびに聞く話である。昭和四十年代当初には年間二万トンをこえる漁獲量だったが、昭和五十一年以降激減し、平成三年には七十一トンにまで落ち込んでしまった。そこで秋田県は平成四年から三年間ハタハタの全面禁漁に踏み切った。その後の資源管理で順調に回復し、平成七年に解禁。一九九八年の漁獲量は六百トンであった。

しかし秋田県人はハタハタが大好きであり、秋田県のハタハタ年間消費量は約四千トンある。したがって不足分を北海道産や北朝鮮から輸入したものに頼らざるをえない。

——以上はハタハタ漁の現状を事前に調べておいてくれたK君のクルマの中でのレクチャーである。ひととおり説明してくれたあと、K君は「イトーにいくならハトヤですが、アキタにいくならハタハタですから」とよくわからないことを言っている。

八森町の鈴木水産は近海魚の加工をやっている会社で、ハタハタの飯ずしや焼きカマボコなどを作っている。さっそく工場内に案内された。沢山の人が働いている。町工場ではあるが、オートメーションのような機械式流れ作業だ。ベルトの先に空港の荷物検査でよく見るようなレントゲン装置によく似た機械がある。まさしくそれはレントゲン装置であった。何匹かトレイの上にのせられたハタハタがその中を通過していくと、レントゲン表示が出てハタハタの骨格が見えたりする。

「ん？」という顔をしていると部長が説明してくれた。

「これらのハタハタは北朝鮮から輸入しているものですが、時々鉛などの金属混入物があるんですよ。数年前は北朝鮮産のハタハタの約六パーセントが金属探知機に反応したことがあったんです」

重量のカサ上げを狙っているのか、単なる嫌がらせなのか、その理由はよくわからないという。どっちにしても金属探知機など魚の加工場におよそ不似合いだが、そんな訳があって、

「高価な機械ですが設置せざるを得ないんです」

と部長はだいぶ腹だたしげな顔で言った。

かたわらで黙々とサンマをおろしている人がいた。北海道産のサンマでこれも飯ずし材料。ニシンとホッケも加工するのだがそこではニシンのぬか漬けをつくっていた。

ハタハタははちきれるぐらいに卵をかかえたやつがうまいという。しかし考えてみるとそういう状態のハタハタをまだ一度も食ったことがない。

秋田にはこれと並ぶうまい名物に「きりたんぽ」がある。元々はマタギ料理でかつて冬の白神山地に登ったとき、地元の本物のマタギにごちそうになったことがある。びっしり雪に覆われたテントの中でぐつぐついっているこの鍋を食べていると本当に体の芯からあたたまってくるのだった。

きりたんぽのいいところは、具や水分が少なくなったらどんどん足していけるので一度その鍋をつくってしまうと何日もキャンプ料理の主役になっていることだ。しかも冬のキャンプではその水分補給がテントの外の雪のひとかきふたかきですんでしまうというもうひとつの〝実力〟を知ったのだった。

タイヤヒラメに囲まれて

雨はまだ降り続き、いぜんとしてたいしたアテのない旅も続いている。ハタハタ工場の部長に聞いた「食祭市場」に行ってみることにした。港の近くで毎週土日にひらかれていて、地元の物産が並ぶという。

雨だというのに駐車場はほぼ満杯だった。

その真ん中あたりになんだか実に立派な骨格と筋肉をした肩幅の広いヘラクレスのような人魚の像があって、なぜか両手にサカナを持っている。人魚像は白いのだがサカナだけがキョーレツにまっ黒なのでなんだかたじろぐのである。

「あれは人魚の友達はサカナです、といっているのかな？」

「人魚もサカナをたべてます、このへんの魚はおいしいですってコトじゃないの」

「じゃあトモグイに近いんじゃないの」

「人魚の刺身というのがあったらスゴイねえ」

無責任なことをいいつつ市場に入っていくと、すぐ目の前にうまそうな魚がいっぱい並んでいる。いきなりカツオ一本千円というのに目がいった。イキのいい、うまそうなカツオが一本で千円なのである。切り身一皿千円ではないのだ。

「このカツオを刺身にしたら一皿一人前いくらになるんだろう？」

「うーむ」

「ざっと二十五円ぐらいじゃないですか」

「いやもっと安いよ」

「うーむ」

その隣にこれもイキのよさそうなイカが十杯で八百円だ。一杯八十円。くし刺しにすると一杯で四皿はできるだろうから一皿二十円だ。

「うーむ」

その横にサバ二尾五百円が並んでいる。シメサバにすると一皿五円ぐらいか。

「うーむ」

きりがない。タイやヒラメ、カレイにクロダイ、タコ、キンキ、ホウボウ、赤魚、ニシン、ホッキ貝、アジ、カンパチ、ワタリガニ、タラバガニ、などという日本海魚介類のオールスターがずらり並んでいる。乾物屋にはこれら魚類の干物がまたもやずらり。八百屋もある。ダシ専門の店、ビン、カン詰類が多い店、マグロだけの店。どの店もじっくり見ていたい。ヤキトリ屋があり、もうもうの煙がなんとも魅力的だ。その横にお風呂のような大鍋があり、何か煮ている。ツミレであった。おばちゃんが二人。こしらえたばかりらしい魚のミンチを器用にダンゴにして大鍋に投入している。煮えたツミレは汁ごと椀に一杯二百円。別の店でまぜゴハンや赤飯が売られているので、それらを買ってそこでひるめしをたべている人が沢山いる。

一軒の店で店番している少女が見るからに美人であった。いわゆる秋田美人の系譜にある顔である。本人はしかしまだそういう自分の美しい貌（かお）に気づいていないのだろう。

そういえば昨日能代の町で、秋田美人の多発地帯ですよという怪しい笑いかたをしたS君はどういう〝いいとこ〟へ連れていってくれるのだろう、あるいはただの話だったのか。

文献によると秋田美人は、色白にして長身。顔の形は瓜実（うりざね）型と丸型の中間で、目は切れ長、口は小さく鼻筋が通り、肌はキメ細かい、と素晴らしいことが書いてある。市場という沢山の人が歩き回っているこの中に、そういう人はいないかと探してみたが、「昔はそうかもしれない」と思われる人がチラホラ。現役の秋田美人は見あたらないようであった。

秋田美人の肌の白さについては冬場の日照時間の少ないことと、ヨーロッパやアジアなどとの混血説などがあるらしい。その根拠は秋田美人にB型やO型など大陸系の血液型が多い。秋田犬も他の日本犬と大いに異なる血液成分をもっておりこの一帯は歴史的にヨソの国と大きくかかわりをもった文化に関係しているのではないか、というのである。そういえば、秋田犬も美犬が多いような気がする。

その場ではけっして解決されないナゾを抱いて、また我々は雨の国道一〇一号線に出ると一路秋田市内方向にすすんでいった。途中、空腹であることに気づいた。思えばさっきの市場で自分であつらえる「つみれ汁定食」をたべていればよかった。

では仕方がない。また麵類系でいくか、ということになった。ラーメンは能代の駅前の店でいちど失敗している。K君の〔ウマ店発見の五原則〕を今度は見誤らないように慎重に審査していった。

駅からはなれているが、専用駐車場があり、汚れてはいないが、よく使いこまれているような暖簾が下がっている。カウンターの中にいる店の人は太ってはいないが、白衣を着た人が四、五人おり、あわただしく動き回っている。客もいっぱい入っているようだ。

「不味そうだったらたちまち出ようね」

「出て、すぐさま逃げようね」

などといいつつそこに突進した。勝負！

前頁—子供たちの一群がやってきた。先頭の人と後ろの人がパイロン（トンガリ帽子ふうの標識）を持っている。海の見学授業ということだった。

どの店の前にもナマハゲがいて電気仕掛けでウオーなどと唸ったりしている。どんな味がするのか、ナマハゲドンというあやしい丼があった。

男鹿の名物アナゴの塩焼きである。アナゴといってもヤツメウナギのことで骨ごと食べる。うまいようなそれほどでもないような……。

広大な八郎潟の田圃に人の姿はあまり見なかった。このイネの黄金の広がりをかつての青い水面になぞらえてみる。

本日、漁は休んで船の手入れ。漁も枯れていてあまり景気はよぐねえよ、と口々に言っていた。八森漁港にて。

写真を撮らせてもらったらイカの一夜干しを五枚もくれた。

左頁―わらわらと子供らが集まってきた。どうして写真を撮るんだ?!　とみんな聞いている。

山の方から突然あらわれた不思議な一団であった。この町で共同生活し、田園に被害をおよぼす山猿対策にボランティアで参加している。

その昼めしはじゅんさいナベの大盛りである。鶏肉やネギも入っている。やわらかくシャキシャキした噛みごたえで、とりあえず全面的に文句ないうまさなのである。

ハタハタの加工工場。ハタハタは北朝鮮からの輸入ものだが、時おりクギや鉛などが入っているのがあるのでいちいちレントゲンで調べなければならない。工場主はこの高価な設備投資を嘆いていた。

ハタハタの飯ずし。塩漬けした
ハタハタとゴハンをまぜて熟成
させる。寒い夜にイロリを囲ん
でアツカンをきゅっとやりなが
らつまんでみたい。

「食祭市場」で見かけた将来有
望な秋田美人であった。

市場の前にヘラクレスふうの見るからに力強そうな巨大な白い人魚がいた。なぜこの筋肉人魚が黒い魚を両手に持っているかは果てしないナゾである。

雨降り島
胸さわぎ旅

バカデカ波
う〜
くびおれサバ
ナロー
一湊
志戸子
宮之浦
永田
上屋久町
屋久島空港
永田岳1886
宮之浦岳
1935
安房
屋久町
ん？
湯泊温泉
平内海中温泉
車を走らせていると たくさんのサルと会う
このごろヒマでね
種子島
屋久島

子供と仔犬と坊主男

屋久島をなんとなく敬遠していたのは、雨が多いという理由からだった。ひと月に三十五日も雨が降る、といわれている。屋久島は離島なのでひと月が四十日も五十日もあるのかと思ったが、そんな訳はなく〝本土〟と同じだという。そんなにしょっちゅう雨に降られていたのではたまらない。せっかく南への旅に出るのだから屋久島だってカラリもしくはすっきり、あるいはパキリと四方八方晴れていてもらいたい。そんな単純な理由でコンニチまでこの島には行かずにいた。

屋久島に雨が多いのはその巨大な島（国内で五番目）の九十パーセント以上が森林で、この島には九州最高峰千九百三十五メートルの宮之浦岳をはじめとして千八百メートル級の山々が幾重にも連なり、洋上アルプスといわれているそれらが雨を降らしやすい山岳地形になっているからだという。

が、しかし、いつまでも雨ごときにヒルんでいるわけにもいかない。よおし、オレも男だ！　我ら今こそ南の雨降り島へたちむかわん！　とザックに雨ガッパをつめこんで南方雨降り島探検隊を結成したのであった。隊長は当バカ旅作家。隊員はこの前秋田ルートを一緒に行ったK君とN氏。

前夜鹿児島空港近くのホテルに泊まり、八時二十五分のJAC便に乗って屋久島空港に着いたのは九時五分。飛行機だと三十分しかかからない。船だと鹿児島港から二時間も揺られていかねばならない。

「いやはやはやいのなんの」

「なんのなんの」

「どうだどうだ」

などと各自無意味にエバりつつ空港の外に出たのだが、トーゼンというか予定通りというか外は激しい雨。前日の鹿児島は嵐のようなどしゃぶりだったから覚悟していたのだがやはり出だしから雨というのは気勢をそがれることはなはだしい。とりあえずレンタカーでこの島を時計回りに進むことにした。ほぼ円型の島できちんと一周道路が敷かれている。

寒いのに驚いた。季節は冬に入ろうとしていたが、南の島だからとつい油断して雨着の用意はしてきたもののいたって軽装でやってきてしまったのだ。

何かもう少し暖かく身を包むものがほしい。この島一番の繁華街である宮之浦で衣料品を売っている店を探した。スーパーが二店。そのうちの一店でおあつらえむきのLサイズのフリースを見つけた。千九百八十円であった。まだユニクロは来ていないから、これはたぶん安い。

防寒態勢は一応できた。気がつくともう十二時をすぎている。腹がへっているではないか。三人同時に同じような反応をした。いい歳をしてどうも恥ずかしいくらい単純である。秋田ルートの時もこの三人はよく腹を減らせていたが、南の島でもその体質と欲望は変わらない。調査担当のK君のデータによれば「かぼちゃ家」のラーメンとカレーライスがうまいと評判だという。行ってみると休みであった。店の前でうちひしがれていると通りがかりのオバサンが「味はフツーだけどもう少しいくと大和という店がある」とおしえてくれた。

なるほど同じ道沿いにすぐあった。ぼくとN氏が大盛りラーメン、K君が大盛りチャンポンを注文した。ビールも注文したがツマミの類はない。わずかに壁のメニューにあるユデタマゴがそれに代わるか、と注文したがすでに売り切れという。一同さらにうちひしがれてビールをのみつつ、どうもやっぱりこの島は相性が悪いのかなあ、などとボソボソ相互につぶやいていた。やがてメン類登場。ほかにやることはないからたいして期待もせずすぐそのメンにとりついたが、これが「うまい！」のである。こってりの鹿児島ラーメンでもなく、さっぱりの東京ラーメンでもなく、いわばその中間という状態である。チャンポンもアンカケのねっとり具合がよく、わが『屋久島どこでも探検隊』は全員すこぶる満足したのであった。

そのラーメン店を出ると雨もあがっていた。

あてはないがとにかく海岸沿いにクルマを走らせていった。雨はあがったが海はシケており、海岸や岸壁に打ちよせる波濤がすさまじい。びょうびょうと容赦なく吹きつける風に「なんのなんの」とたちむかいながら荒れる波の近接撮影を試みた。広角レンズを覗いていると波の遠近感がつかめずいきなりバカデカ波に直撃されたりして、けっこうスリルがあるのだ。

宮之浦町からはずれると走りすぎるクルマはあるが自分で歩いているヒトというのをまったく見ない。志戸子（しとご）という小さな集落でようやく二人の子供と会った。子供といえどもとにかくヒトと会えたのは嬉しいので愛想笑いを浮かべつつ「何してるの？」「いくつ？」などと話しかけたり、写真を撮ったりした。

二人は幼稚園の年長組でいつもこのあたりであそんでいるのだという。

「赤ちゃん犬が生まれたんだよ」と森下一馬君（五歳）が言う。見せてくれるというのでさっそくその子の家についていった。なるほどひどくやせているが母親らしい犬がいて、数匹の仔犬がそのまわりにむらがっている。そのむこうに母犬とよく似た犬が三匹いる。たいへんにぎやかな家の庭なのだ。その時「なんだあ？」とするどい声がして坊主頭の大人の男がその家から出てきた。

坊主頭の男は厳しい顔をして我々を睨みつけた。それはそうだ。見知らぬ男が三人、ことわりもなく庭に入ってきて、自分のところの子供や犬と遊んでいるのである。用心し、警戒するのは当然だろう。すぐに怪しいものではない、ということを説明すると急になごやかな顔になった。私たちを案内してくれた一馬君の父親で健作さん。三十代半ばぐらいであろうか。間もなく奥さんも奥から出てきた。小さい赤ちゃんを抱いている。二男三女の両親なのであった。

ネコ、サバ、イヌ

坊主頭の父親は、静岡県浜松の生まれ。父親の仕事の関係でこの島にきた。元は板前で居酒屋などもやっていたが、今は魚を運ぶトラックの運転手をやっている。今日はシケで休みということであった。

子供が母親から小さな籠のようなものをもらって外に飛び出していった。その籠でカニや魚を取りにいくのだという。

「私ら子供の頃はみんなあの籠で海でなにか取って遊んでいたけども、今はだれもやらなくなっちゃったなあ。うちの子供ぐらいかねえ」

むかし板前をしていただけあって、このへんのうまい魚の状況にくわしかった。

「この島ではなんといってもくびおれサバだね。あれが一番うまい」

「知らなかった。そんなサバがいるんですか？」

「いや、サバの名前じゃないよ。とってきたサバの首をすぐに折ってしまうからそんな名になったんだ」

「ふーん。〝首折れサバ〟ねえ。知らなかったなあ」

その日の夜、たまたま入った大衆割烹「漁火（いさりび）」で、早速その現物にお目にかかった。もう刺身になっているので、折れた首のところはわからなかったが、まさしくそれが屋久島で知る人ぞ知る〝首折れサバ〟であったのだ。これがあのいわゆるサバと呼ばれるサバと同じサバか？　と思えるくらい身が固くコリコリしてまことに存在感のあるうまいサバだ。

その日テーブルを囲む三人は無類のサバ好きということで共通していた。だからそんなうまいサバを目の前にして激しくコーフンしているのである。しかしその日はシケでサバの数が少ないので刺身一皿でおしまいだった。

そういう我々を見ながら、「この島ではサバのすき焼きが一番うまいよ」と店の人がいう。「最近ではしゃぶしゃぶで食べることも多くなった」ともいう。サバシャブである。「サバのしゃぶしゃぶも味が深くてうまいよ」と店の人はさらに追いうちをかけるようにしていう。そうはいってもサバはこの店にもう一本もないのだからヒドイ話である。

「明日、港にいったらいいよ。サバ漁の船が出ていたらとりたてのうまいサバが手に入るからな……」

というので翌日早めに宿を出て港にいったのだが、その日もまだ波が荒く、漁に出た船はあまりないという。

がっくりしている我々に漁協の林総務課長が「サバブシ工場」を紹介してくれた。カツオブシはおなじみだがサバブシは珍しい。ウームこうなったらシケが収まるまでサバブシの研究でもしているか。

教えてもらった日高水産は荒海に面した崖の上にあった。そこに着く直前、鹿が悠々と道路を横断していくのを見た。

先ず倉庫から案内されたが、たちまちぷーんとサバっぽい匂いがしてくる。入り口の横に「屋久島特産・さば本枯節」と書いたダンボール箱がずらっと積んである。その奥でおばさんたちがサバを選別し箱に詰める作業をしている。

「東京への出荷品です。蕎麦つゆなどの出汁に使われているようです」

日高社長が説明してくれる。地元にはサバブシしかなく出汁にはカツオブシは使われていないという。

おばさんたちが選別しているのは、アブラのあるサバと完全に乾燥しているサバであった。アブラののったサバは乾燥しにくく、完全に乾燥するには二月ぐらいかかるという。

窓のそばの箱の上にネコがのんびり昼寝していた。よく見るとネコのヒルネしている箱の中には煮たサバのかけらのようなものがいっぱい入っていてまだ温かい。ネコはそれを知っていてその上でヒルネしているのだ。つまりは膨大な餌の上のヒルネなのである。ネコのヒルネ場所としては世界でもこんなにめぐまれてスバラシイところはないだろう。

サバの乾燥室と燻製室をのぞかせてもらった。闇の中にうっすらと煙が流れ、なんだかとても怪しい雰囲気だ。隣の工場ではナマリブシを作っている。アブラが多くて、固い〝ブシ〟に適していないのがナマリブシになる。できたばかりのを御馳走になったが、いやはやうまいのなんの。早くも条件反射でビールがほしいところだが、そういう訳にもいかない。お勝手の出入り口のところになんだかじつに表情の豊かな犬がいて、さいぜんからじっとこちらを見ている。工場の飼い犬のようだ。社長に聞くとヒルネしてるのはノラネコでこの犬ととても仲がいいらしい。

なるほど社長がそのネコを犬のところに連れていくと犬が喜んでいる。ネコも喜んでいるのかどうかいまひとつ表情がよくわからないが、すぐに逃げ出さないところをみるとやっぱりそれなりにヨロコンデいるようだった。

男はよわいよ

志戸子にずいぶん気持ちのいいグラウンドがあった。片一方が山に囲まれ、片一方が海にむかってひらけている。きちんとしたバックネットがあり、センター方向に山々が広がっている。雲が走り、山の頂や谷間のあたりに霞のようなものがかかっている。こういうところで野球をすれば打った球はその山々の奥のほうまで吸い込まれていきそうな気配である。まことに屋久島というところは懐の深い島だ。

近くで子供たちの歓声が聞こえる。行ってみるとなんだか実に面白いことをしているのだった。そういう遊びの道具というか、仕掛けがもともとあるのだろうか。ぼくは初めて見たので分からないのだが、とにかく見ているだけで面白い。

頑丈な丸太が一本どしんと地面から突きたっている。その丸太に沢山の古タイヤが重ねて積まれている。タイヤのダルマおとしのような恰好だ。丸太のてっぺんのあたりからロープがたくさん下がっており、子供たちはひとりひとりそのロープにぶら下がって、まずはみんなでタイヤの周りをぐるぐる廻る。そうしてぎりぎりのところまで廻りきったところで一斉にタイヤを蹴って空中に飛び出すのである。

みんなは絞りきったロープの反動で空中をぐるぐる廻り、やがてタイヤのどこかに着地するのである。このくらいの小さな子供の遊びとしては乱暴といえば乱暴だが、しかしその乱暴な分だけじつに楽しそうである。ぎりぎりにロープをひきしぼって巻き、手を放すときに年かさの女の子が「五・四・三・二・一・発射!」とロケットみたいな秒読みをするのだが、そのリーダーシップぶりがじつに頼もしく、そして懐かしい。

「そうだよなあ。昔、おれらが子供の頃、こういう実力のあるねえちゃんがいて、さからえなかったよなあ」

「そうそう。それで男の子にけっこうドン臭いやつがいて怒られたり……」

「そうそう……」

端っこのほうで我々は懐かしがりながらそんな風景を眺めている。女の子たちがじつにかろやかにバランスよくくるくる廻っているなかで一人の男の子が見事にドン臭く頭や腹などをあっちこっちのタイヤにぶつけながら廻っている。リーダー格の女の子が文句を言っている。方言まじりではっきりとはわからないが、何してんのよノロマ！　などと言われているようだ。

腹がへってきたので昨日定休日で果たせなかった、島で一番めん類のうまいという評判の「かぼちゃ家」に行った。なるほど中もソトもいかにも流行っている店の佇まいであった。

メニューにある「トンコツをベースにぐらぐら煮込んだこってりスープ」の鹿児島ラーメンと「屋久サバのスライスと飛び魚のつけなげ入り」の屋久島ラーメンと、「とりがらベースにことこと煮込んださっぱりスープ」の東京ラーメン、というのを三人でひとつずつ注文した。やがてそれぞれのラーメンが大きな四角い盆にのって出てきた。どれもたいへんなボリュームである。

「おお！」

「これはこれは！　クハクハ」

「タハタハ」

一同意味不明の音声を発しながらそれをいただいた。

そして、みんなの結論なのであるが、あまりこれらは我々の期待にはそぐわなかった。一言でいうとすべてがどうにも「くどい」のである。出汁が濃い。具がのせすぎである。装置が大げさ（大きなまな板の様なものにのせてきたり、店の中で陶器を売っていたり……）。まあこれは観光客にはいいかも知れないが、このシリーズ取材で全国を歩いている我々にはいかにも「わざとらしい」味である。この店よりは前日行ったラーメン「大和」のほうがはるかに旨かった。観光客はみんなガイドブックの呪縛にヤラレテいるのである。まあこういうコトはよくある。但しこの店のカレーライスは旨かった。

まあ、つまりそのようなエラソーなコトを申しのべつつ、我々は相変わらずたいしたあてもなく永田浜の方向に進んでいった。集落に入る川沿いのところで、小学生の男女がケラケラ笑っていた。またなにか面白い遊びをしているのかな、と思って覗いてみると、男の子一人に女の子数人がかたまっている。少女たちはさらに激しくケラケラ笑っている。真ん中にいる少年はしきりに恥ずかしそうである。なんだなんだ何がどうしたのだ！　やがて分かったのは男の子が帽子の周りに沢山の草や花の飾りをつけていることであった、それを強引につけているのは周りの女の子のようであった。どうやら察するところこの少年は群がる女の子の「花飾り」の実験台になったようである。

「どうもこの島は、男の子は女の子にヨワイようで……」

「いや、こういう力関係はこの島に限らず日本全国のもんじゃないですかネ」

我々はそんな風景を眺めながらさらに集落の奥に入っていった。

そびえ立つ山の下で

永田小、中学校の校庭の真ん中に大きなセンダンの樹があった。樹高二十メートルはありそうだ。センダンの樹がこんなに大木になるとは思わなかった。その向こうに校舎、そしてその先に山々が望める。

海をめぐる旅をしていると、そうした町や村にある小、中学校がみんなとてもいい風景の中に建てられていることがよく分かる。

子供たちが遊んでいる。こういう場所にくるとどうも腕が鳴る。我々の車の中にはいつもちゃんとバットとボールが積んであるのだ。K君が学校の先生に校庭使用の許可をもらい、そこらにいた子供たちと一緒に早速三角ベースをやった。こういうところの小学生はすぐに仲間に加わってくる。中学生が遠くから見ている。一緒にやりたいんだけど部活があるので駄目なんだという。

一汗流したあと、やっぱりあのセンダンが気になるので、みんなにその前にならんでもらって写真を撮った。ファインダーの中に一昔前のような風景が広がった。とおりかかった先生がその光景を眺め「向こうに見えるのは永田岳ですよ」と教えてくれた。なんだかこのあたりの人はみんな気持ちがいい。

　ぶらぶらとその日の宿「送陽邸」へむかった。海べりにあり、波打ち際に岩風呂があるというので行ってみたが、ぬるくて駄目だった。打ち寄せる波が入ってきてしまうのだろう。内風呂は塗装なしの板囲いになっていてむきだしのハダカ電球がなかなかの風情だ。ゆっくりつかって部屋で寝ころがり波の音を聞きながらビールを飲んでいると、急に騒々しくなった。なんだなんだと身を起こすと、どうやら隣の部屋に客がやってきたようだ。男と女が三、四人という感じだった。山から降りてきたところのようで興奮しているのかえらく騒々しい。とくに男の一人はのべつ喋りっぱなしである。女がケラケラ笑う。部屋のつくりがそうなっているのか、騒々しいその声や音が筒抜けなのだ。いやはやとても波の音を聞いてのんびり、というような状況ではなくなってきた。

　夕食は道路をへだてた別棟で食べる。さっきの騒々しい一団と、それとは別に老人が一人いた。老人も山から降りてきたばかりのようで、悪天候で山小屋に閉じ込められ三日ぶりに降りてきたのだという。芋焼酎をうまそうに飲んでいた。なかなか味のある顔をした宿の親爺が「屋久島の山は迷いやすくて遭難して行方不明になるとなかなか発見されないんだ。絶対どこかにあるはずの骨も発見されない」などということ

広角二十八ミリレンズをつけて迫っていくと、距離感がなくなって波濤の直前まで進んでいってしまう。アブナイところだった。

左の写真の子供たちにつれられていった民家の庭には沢山の犬がいた。やせた母犬に甘える仔犬が走ってきた。

集落を歩いていくと子供たちに出会った。最初はコワゴワだった。けれどすぐに仲よくなってそこらの村の案内係になってくれた。

八ヵ月以上乾燥させたサバブシを選別して箱詰めにする。サバブシはカツオブシより小さく、主に関東地方に出荷される。

サバブシ工場に毎日かよってくるノラネコである。蒸したばかりのサバブシの破片の上がこの通いノラネコのお気に入り定位置なのであった。

サバブシ工場に通うノラネコの親友がサバブシ工場のとりあえず〝番犬〟のこの犬なのである。いまや両者には愛が芽ばえてしまったらしいのだが……。

女の子リーダー型のぐるぐる回りゲームは果てしなく続くのだった。なかなか荒っぽい遊び道具だが、実際には安全で「タイヤット」という名前らしい。

前頁―いい風が吹いていた。校庭のまん中に巨大なセンダンの樹がゆったり全身をゆすっていた。

女の子に花飾りをつけてもらって恥ずかしそうにヨロコブ自転車少年だった。

見晴らしのいい海中温泉があった。引き汐の時だけ入れる。太陽の光と風がぜいたくだ。

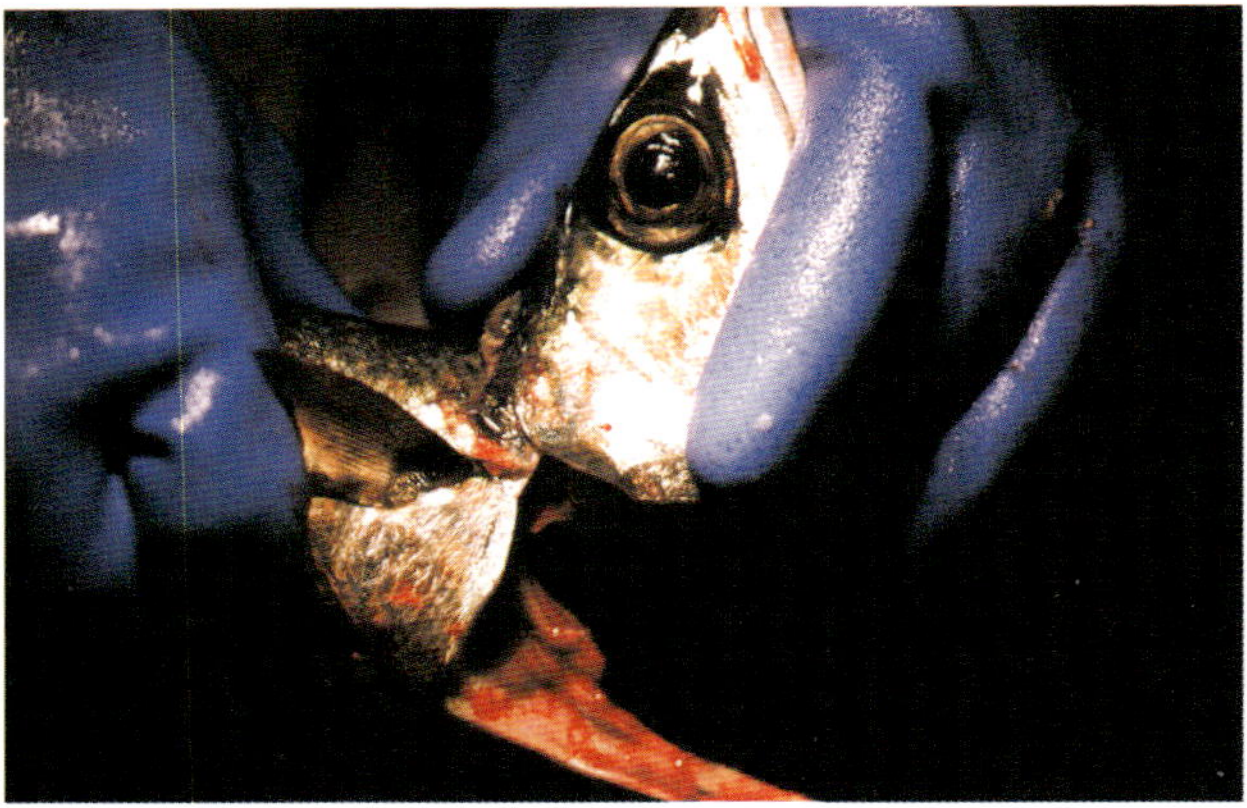

とったばかりのゴマサバの首を
すぐに折って「首折れサバ」。
こうしてシメておくと鮮度が保
たれる。

そいつですぐに作るのがサバのスキヤキ。臭みがなくて身はコリコリとちょうどいい歯ごたえなのだ。

思いがけない早朝のサバスキで
あった。とりたて、できたてで
ある。ゴハンがうまい！

モッチョム岳を背景に気持ちのいい校庭で子供たちと野球をやった。

を話している。「雨が多くて湿気が多いから骨も腐るのかもしれねえなあ」などという声も聞こえてくる。

翌朝はここちのいい風がふき、空もきっぱり晴れていた。俗に「晴れ男」「雨男」というが、どうもぼくはかなりの「晴れ男」だと思う。このシリーズの取材も晴れの確率は高く、この名うての雨降り島ともきちんと勝負している。

こんな日はサバが大漁ではないのか、と思い漁協に電話したが誰もでなかった。別のところに聞いてみると本日は祭日のため漁協は休みということであった。どうも我々はなかなか首折れサバと会うことができない。南の屋久町を目指してクルマを走らせているとあちこちでサバではなくてサルと出会った。すっかりヒト馴れしているようで、悠然としている。

湯泊（ゆどまり）という集落にいくと海岸に温泉が湧いているというので、かなり急な坂道を降りていった。温泉は突然海岸にあって、男が二人所在なくそこにつかっている。頭の上にはサンサンの太陽である。その先に天然の岩風呂があった。男がひとり海を見ながらつかっている。なかなか気持ちがよさそうだが、しかしそういつまで風呂に入っていてもしょうがないんじゃないかな、と思う。海は凪（なぎ）で頭の上はとにかくサンサンの太陽。風もなく、とにかく平和であった。

昼飯を済ませてさらに進んでいくとまたもや気持ちのよさそうな校庭の広がる小学校があった。校庭には草刈りをしているおじさんと子供たちが数名。昼飯の腹ごなしにまたひとつ野球でもやるか、ということになった。なんだか我々は移動野球おじさんのようになってきた。ちょうどすぐ仲間に加わりたそうな子供たちもいる。草刈りのおじさんに、校庭を借りるにはどこへ許可をもらいにいったらいいんですかと聞くとその草刈りのおじさんが教頭先生で、すぐに「いいですよ」ということになった。たちまち集まってきた子供たちは三年から五年生。半分が野球部だという。すぐに二チームに分かれて試合になった。

学校の校舎の先にのしかかるような大きな山がそびえている。「モッチョム岳だ」と少年が教えてくれた。いやはやここも大変にいい眺めの校庭である。モッチョム岳は本富岳というのが正式な漢字表記で「神の山」でもある。そういえばその学校は「神山小学校」というのだった。

首折れサバのスキヤキ

昨夜遅く、漁協の林課長から電話があって、明朝早くサバ漁の船が港に入る、と知らせてくれた。そこでその日はワッセワッセと五時に起き、約束の漁港に向かった。まだ夜明け前である。いやはや急に大変なコトになったがサバを釣って帰ってくる船のほうがもっと大変である。しかしこれでやっと噂の「首折れサバ」に会えるのである。コーフンするではないか。車の殆ど走っていない県道を安房から一湊まで、ほぼ島の三分の一ぐらいの距離を疾走した。

島の港で夜明けの風景を見るのは随分気持ちのいいものである。着いてものの五分もしないうちに暁丸がかろやかなエンジンの音とともに入港してきた。

待ち構えてすぐに船のデッキに突入する。首折れサバは前甲板の下の船倉にいた。イキのいいやつが元気よく泳ぎ回っている。「おお、いたいた首折れサバだ」我々は呼んだ。しかし鞆船長は「これはまだ生きているから首折れサバではないよ」と笑いながら言った。そうなのであった。これはまだ屋久島のゴマサバでしかない。

「では早速首折れサバに……」

船長は元気のいいサバをタモですくいあげると腰のへんにそいつを押さえてつかみ、頭のあたりに左手をそえてゴキリとやる。まことにもって手慣れたゴキリであった。これで首折れサバの完成。

サバの生き腐れとはよくいうが、こうして荷揚げの寸前にゴキリとやるのだから新鮮この上ない。揃ってサバ好きのN氏とK君とぼくの喉がグビリと鳴る。船長は次々に首折れサバにしていく。ゴキリ。グビリ。ゴキリ、グビリ。

首をサバの背中のほうに折り曲げ、捩じるようにして折るのがコツなのだそうだ。その度にびっくりするほど鮮やかな血がバッと流れ落ちる。血抜きを兼ねたシメなのだ。

今日のサバ船はこの暁丸だけのようだった。まだシケ気味なのでほかの船は出なかったらしい。

サバ漁の船は夕方に出て夜中に釣って朝帰ってくる。昔は七トンぐらいの船に十人ぐらい漁師が乗り込み、一晩で二十四キロほどの箱で百個ぐらい釣ってきたという。その後急速に漁獲高が減って、今はせいぜい十三キロぐらいの箱に二箱程度という。

ありがたいことに彼らの朝めし、サバのすき焼きにありつけることになった。

近くにいた幸川丸の高橋船長が船着場の上で包丁を握る。まず内臓を取り、皮をはいで頭を落とす。腹と背中の小骨を取り、たちまち三枚におろされた。

「おれは板前じゃないから見た目がなあ」と心配していたが惚れ惚れするような早業である。スキヤキ用には刺身より薄く切る。

「二月になると子どもが入っているよ。マコとシラコがね。シラコも刺身がうまいよ」

うーんうまそうだなあ。刺身になったサバは身が青みがかって透き通っている。首をすぐ折ってたちまち血抜きした成果のようだ。これだけ見てくれのあっさりしたサバは初めてである。

早速刺身をひと箸ふた箸、いや三箸。このあたりではサバの刺身はラッキョウを薄く切ったやつと一緒に食べる、というのを初めて知った。今しがたまで生きて船倉を元気よく泳いでいたやつである。それがゴキリとなってものの十分とたっていない。いやはや、これがあのいわゆるひとつのサバなのですか？　と聞きなおしたいくらいのきりりとした歯ごたえ口触り。コリコリ感もたまらない。コクがあるのにキレがある。なるほどラッキョウの薄切りと一緒というのがエキゾチックでたいへんよろしい。

うーむビールが飲みたくなった。しかしまだ六時になったばかりである。ビールは諦めてお茶を飲んでるうちに「サバスキ」準備ができた。しつらえは普通のすき焼きと同じである。

「サバはあまり煮ないで、サッとやるくらいがいいですよ。シャブシャブみたいに」

漁協の林さんが教えてくれる。

このようにして食べても意外にしつこさはあまりない。

「刺身よりもこっちのほうがいい」といってサバはもっぱら鍋、という漁師が最近は多いという。あつあつのゴハンがでてきた。

サバスキにはゴハンがよくあう。

みんなであっという間に一鍋かたづけて外に出た。もうすっかり夜があけて、港はセリの人々で活気があった。今日の獲物はクエがいいという。島のセリはどことなくのんびりとしている。夕食用にサバを三匹買った。サバ三昧の日になりそうだ。

山陰カニババ旅

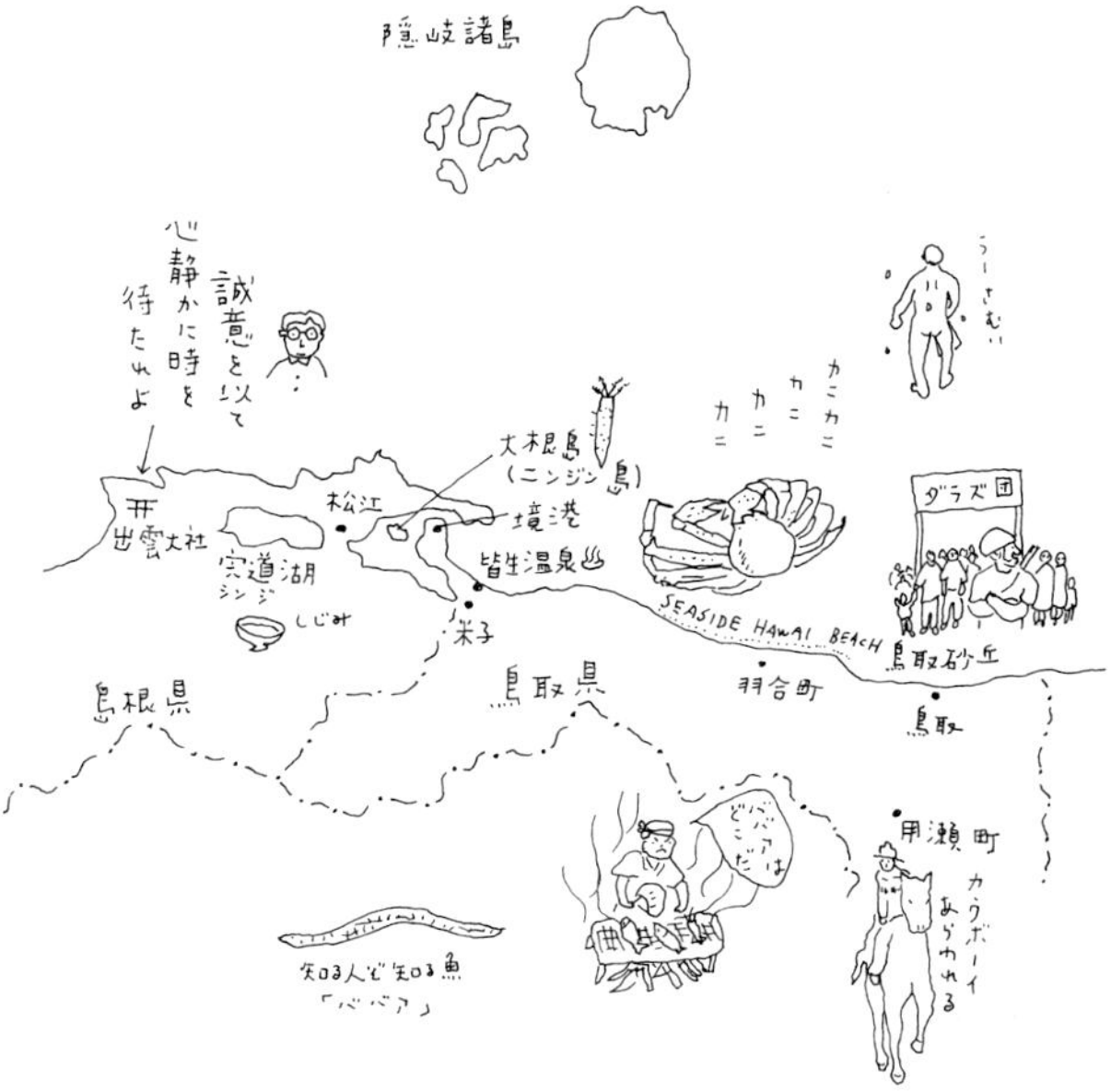
隠岐諸島
心静かに時を待たれよ
誠意を以て
大根島
（ニンジン島）
松江
境港
皆生温泉
出雲大社
宍道湖
シンジ
しじみ
米子
島根県
鳥取県
カニカニ
カニ
カニ
カニ
うーさむい
ダラズ団
SEASIDE HAWAI BEACH
鳥取砂丘
羽合町
鳥取
用瀬町
ババアはどこだ
カウボーイあらわれる
知る人ぞ知る魚
「ババア」

旅の多い飲みスケのモノカキというのは、知らず知らずのうちに全国に沢山の友人が出来るもので、今回でかけた山陰の海べりには大騒ぎずきの友人集団がいて、まあとにかく久しぶりだからみんなでイッパイやろう、ということになった。

発作的三角ベース

久しぶりの鳥取は冷たい氷雨で、いかにも冬の山陰である。南下するのだから、と安易に薄着できてしまったのでどうにも寒くて困った。とりあえず夕方の宴会時間まで用意してくれた旅館でぼんやりしていることにした。鳥取駅のすぐそばにあるその旅館になんと温泉がある。駅前温泉旅館なのだ。通されたハナレの部屋は十二畳ぐらいの二間続きであった。それはいいのだが、今どきのこういう宿はエアコンで部屋全体を暖めようとするのだが、部屋が大き過ぎて暖房が行き届かない。ひとりなのだし本当はこたつぐらいでいいのだがそれがない。どうもウスラ寒くてしょうがない。部屋つきの温泉があるのでそれに入ることにした。この専用温泉も広くて脱衣所をいれると八畳間ぐらいの大スペースである。そういうところに一人で入っているのも申し訳ないしつまらないし、やっぱり寒いのである。天皇陛下も泊まったことのある宿だというが、だからどうしたらいいのだ。こういう時は下々のものはどうにもしょうがない。

間もなく迎えがきて、漸くなんとか市内の生ビールの飲める店でこの町の大勢の知りあいと会い、大宴会となった。若い人を中心にざっと三十人。わあわあやっているうちに、出発の飛行機が一便遅れた担当スタッフが三人やってきた。今回は大勢の同行者との旅となったのだ。

話が盛り上がり、いまぼくが全国のあっちこっちの人々を巻き込んで繰り広げている「浮き玉三角ベースボール」を翌日みんなでやろう、ということになった。

おーし。

うまい具合に翌日は雨もあがり、陽がさしてきた。待っていると迎えがきてすばやく郊外の用瀬運動公園につれていってくれた。もうすでに大勢集まっている。ざっと四十人。殆ど若い人々でなぜかアメリカ人もいる。

まずはそこで我々が持ってきた「浮き玉」を初めてみんなにみせた。これは沖縄の海域でよく見かける漁網の浮きで、軽くて硬い。金属バットで打つとカキーンという高校野球のような音を立ててよく飛ぶのである。しかし風に流されたりするので、飛ぶ方向はイレギュラーになり、そこのところがたいへん面白いのだ。ホームランラインは五十三メートル。

地元、鳥取は男女併せて二チーム出来た。チーム名も決まった。「鳥取ダラズ団」

と「鳥取トッパー団」。ダラズというのはこのあたりの方言で「オオバカモン」。トッパーは「クルクルパー」であるという。なるほどよくわかるぞ。

蓑笠を着けてバッターボックスに立つもの。工事用の黄色ヘルメットをかぶってくるやつ。早くもきちんとダラズ、トッパー化しているのだ。

我がほうはとりあえず東京から四人もきているので昨夜のうちに近くにいる東京関係者をかき集め、一応のチームをつくった。チーム名は「音羽デカバラ団」。我がチームのＮ氏の巨大な腹がその名を決めた。

三十分ほどの練習のあと、すぐに試合が始まった。ひとたび勝敗が関係してくるとなるとたちまち真剣になっていくのが日本人である。バットは唸りをあげ、球は火を噴いて中空を飛んだ。

このルールは五回戦である。たいてい一時間でケリがつく。第一試合、わが「音羽」は鳥取の「オオバカモン」とぶつかったが、十四対八でまずは快勝。第二試合は黄色ヘルメットが朝日に怪しく光る「クルクルパー」チームと対戦。やや苦戦したが六対一でこれもしっかり撃破。東京勢強し。

昼は地元の青年団が用意してくれた弁当をみんなでスタジアムのバックネット裏で食った。錦松梅入りのおむすびがじつにうまい。

地元のデカ声西村が「そうだ。あれを見たまえ。あの山は三角山というのですぞ。三角山のふもとで三角ベースなのですぞ」とやっぱり巨大声で言った。なるほど見上げるそれはたしかにくっきりと三角であった。ただしよく聞くと正確には「みすみやま」というのであった。

午後は地元チームが雌雄を決することになった。その結果鳥取ではクルクルパーよりオオバカモンが上位ということになった。

その晩は、ダラズ団およびトッパー団の秘密基地で地鶏の絞めたて網焼きコケコッコ仕立て、という聞くだにあやしいその場しのぎ的料理をゴチソーになることになった。

地鶏が泣いてる絞め殺し

山奥であり、宿泊設備もあるという。撤収に少々もたつき、運動場を出たのはもうそろそろ薄暗くなる頃であった。団員はみんなそこへ向かうので大型のクルマが五台もつらなっている。山道に入り、一日の運動の疲れでたちまち眠ってしまったので、着いた時は時間も場所もまるで見当がつかなくなっていた。用瀬町の「フォレストリア用瀬」というところらしい。山の中に見事な北欧ふうのログハウスが四棟建っている。あとでいろいろ判明するのだが、土地地名辞典によると、「ここは鳥取の市内から二十キロほど山間部に入ったところで、周囲は七、八百メートルの山々がつらなっている。町の九十パーセントは山林原野が占めており、集落は海抜二、三百メートルの谷底平野に位置しており……」となんだかとにかく凄いところなのである。谷底平野という言葉を初めて知った。

一味が川のそばで早速料理の下準備をしているので、あてがわれたログハウスの中でビールを飲むことにした。少々寒いのでストーブの火をつけた。くつろぐにはなかなかいい家である。

すると、突然カウボーイのような人が二人現れた。

「シーナさんが馬でモンゴルの草原を突っ走っているところを見ました。馬に乗りませんか？」

と、そのカウボーイの一人は言うのである。なんだ？　なんだ？　外にでるとなるほど見事な巨大馬がいる。なんでいきなりそんな馬がいるのかよくわからないが、なんだか嬉しい。早速乗せてもらった。いかに谷底平野といえどもまさかこんな山間部で馬に乗れるとは思いもよらなかった。しかも夕飯まえである。ビールをのんでやや酒気おび状態ではあったが気分は上々であった。ひと走りするとカウボーイと馬たちはすみやかに闇の中に去り、なんだなんだ？　と思っているうちに、飯の用意ができたぞう、という声である。

結構立派なバーベキューの設備があり、網の上にはすでに沢山の〝獲物〟がのっかってみずからジュージューいっている。

牛肉、イカ、野菜、松茸、サンマ、セイコガニなどである。おお、こんなに嬉しいことはないぞ。全国に友人を持つものである。

ダラズ、およびトッパーの人々はとにかく元気がいい。食欲もやたらにすごい。女性も結構いるのだが男にまけずぐいぐいいく。

イカが新鮮でどうにも旨い。セイコガニを惜しげもなく網焼きしてしかもそれを惜しげもなく丸焦げにしてしまうところなど東京との民族の違いを感じた。

このログハウスの宿を経営している菊川さんが猪の肉を持ってきてくれた。

「ムシがいる可能性があるからよく焼いたほうがいいです」

すばやくその見事な肉が網に広げられる。

この肉と一緒に宍道湖(しんじこ)のシジミの醤油づけとズリの醤油づけが網の横に並んだ。お山陰の底力だ。

やがて本日のメインディッシュ「地鶏肉」の勝負時間となった。一味はどうやらそのへんのやりくり段取りに慣れているらしい。まもなく鶏小屋からけたたましい鳴き声が聞こえてきてやがてウギャーウケケッケ！　という断末魔の一声があった。やがてぐったりした巨大な一羽の羽無し鶏がまな板の上にのせられ、手早く解体が始まった。

そのへんのありさまは外国で何度か目にしている。しかし今の日本ではなかなかここまで現場で地鶏の絞め殺し料理を食うことはできないからこれは大変に貴重な体験である。まもなく焦げすぎのセイコガニの隣にこの新鮮この上ない鶏の肉がのせられた。かくて今宵は魚獣鳥菜オールスター網焼きの宴、ということになったのである。

鶏を絞めてくれたのは農業高校の先生で坪倉さんといった。聞けば、学校で毎年鶏の燻製を授業でこしらえるのでその度に鶏を絞めているのだという。

いろんな話をしているうちに、鳥取の知る人ぞ知る「ババア」という魚の話になった。

東京からやってきた我々は当然誰も知らない。その場にいる地元の人々はそういう名の魚がいることは知っているけれど、具体的にその味や、いかにも耳目を引きやすいその魚の名の由来、などについてはあまり知る人がいない。

「わかりました。私が明日、ババアのいるところへご案内します」

おごそかに坪倉先生は頷いた。

「そうですか。ではお願いします」いきなりやってきた旅とはいえ、「海を見にいく」というシリーズ旅の割には今回いまだに海を見ていない我々は突然登場したそのババアにすべての活路をつないだ。

家鳴りのイビキ

まったく偶然だったが鳥取ダラズ団の一味に同行編集者K君の大学時代の先輩、中尾さんがいた。農業をやっているが冬の農閑期に世界のいろんな所へ冒険の旅に出るという変わった嗜好の人だ。季節労働者というのはわかるが、季節冒険家というのとはじめて会った。いろいろ話を聞いているとぼくが一九八八年に行ったタクラマカン砂漠の奥地、楼蘭にも九〇年代の半ばに行っている。中々行けない砂漠のラクダ旅であるからそんな体験者と鳥取の山奥で会えるというのも奇妙な縁であった。そういえば鳥取の海岸には日本で唯一の砂丘があり、そこへ行くと入り口のあたりで「月の砂漠」の曲を一日中流しているといういかにも日本的に幼稚な困った演出過多をやっているという。

山海珍味のバーベキューを前にみんなでワアワア酒盛りを続けていたが、そのうちくたびれてきたのでぼくはひと足先にログハウスの二階のベッドにもぐりこんだ。そうしてスバヤクここちのいい睡(ねむ)りについたのだが、うしみつどきに、いきなり目がさめた。何か大きな動物が絞め殺されている夢を見たのだ。昨夜沢山たべた牛肉やブタ肉、その前にいきなりあらわれた馬。そして絞め殺されたニワトリなどのことが頭の中でいっしょくたになってしまったのだろうか、あるいはそれらのタタリだろうかなどと思ったが、どうもその夢の誘因は家の下のほうから聞こえてくるイビキのようであった。もう一人の同行編集者N氏のイビキであった。N氏は九十キロの大食巨漢でその強烈なイビキには定評がある。体験被害者は「地鳴りのようだ」という。「雷鳴に似ている」と肩をふるわせる人もいる。

その物すごさを当人も知っているので、その晩は遠慮して一人だけ階下のソファに寝たようなのであった。

しかしそのログハウスは吹き抜けの構造であった。音は下から上へあがってくる性質がある。そしてログハウスという木だけでしっかりつくってある家はそれそのものがスピーカーのボックスのようになっていて、音を反響増幅させているのであった。「んがーんごーうごごおう」重戦車の一群が鉄板の橋を渡っていくのを爆撃機が体当たり攻撃を加えているような音がひっきりなしに炸裂している。

頭まで布団にもぐりこんでなんとか耐えて睡ろうとしたが、とてもたちうちできなかった。コートをはおり、二階のベランダに出て少し気を静めようとした。さすがにイビキの直接攻撃からは遠のいたが背後でログハウス全体がイビキに共振しているようであった。しかし外は寒く、再び部屋に戻った。家鳴り振動地獄はさらにイキオイを増している。あとはN氏を絞め殺すしか道は残っていないようであった。

苦しい夜が明けた。なんとかイビキの強弱の間隙をついて断続的な睡りを得られたようであった。

朝食をすませてから、昨夜聞いた鳥取の怪魚「ババア」を捜しにいこう、ということになった。そこでババアと遭遇できそうな場所をいろいろ聞いたのだが、どうもいまひとつ確信をもてる情報がない。その要因のひとつに鳥取の人々というのは基本的にかなりアバウトなところがあるのではないか——という話になった。我々の仲間が口々に証言する。

「昨日、駅をおりて、その日集まる店の場所を通りがかりの人に聞いたら『知らないけどあっちのほうです』と言われたぞ」「おれも迷ってオバサンに聞いたら、『何度も行ったけどわからないね』という返事だった」

ババアの居場所についても確実な情報はまだ何もないのだった。結局、海のほうに行けばババアが見つかるだろう、というまことに曖昧な方針のままダラズ団の一味と別れて海のほうへ向かった。

山道を抜けて国道五三号線を北上していくと、川を直下に見おろす丘の上に小さいが実に形のいい城が見えてきた。

「おお、こんなに美しい城というのもすごいではないか！」

一同感心し、クルマをそこへ向けた。「河原城」というらしい。一人三百円の入場料で四階の天守閣まで登ることができる。

いろいろわかってきたのだが、この城は昔からあったものではなく例の「ふるさと創生一億円」をきっかけに六億八千万円かけてつくったシンボルとしての〝町の城〟であるという。どうもよくわからないがとにかく城をつくりたかったのだろう。天守閣は地上百メートルのところにあり、見晴らしは抜群である。海の側には鳥取砂丘らしきものも見える。

ではいよいよその砂丘に向かっていこうということになった。ところが海に近づいていくにつれてしだいに雲が低くたれこめてきてポツポツ雨が降ってきた。砂丘に着いた頃は雨はヒョウに変わり、モーレツに叩きつけてくる。それでもせっかくここまできたのだからと砂丘に入っていった。すると馬車が近づいてきた。雨だからこれに乗って見て回れ、ということだろうが、そうもしていられないので砂丘を三分間眺めただけでまたクルマに戻ってしまった。ヒョウはますます強くなってくる。ババアは

激しいヒョウが降ったあと、雲が切れていきなり太陽が顔を出した。

三角山をのぞむ用瀬野球場で「オオバカモン」チームと「クルクルパー」チームによる三角ベースの試合開始。

大きなシジミの醬油漬けがうまい。山陰の底力のひとつだ。

農業高校の先生がニワトリを絞めた。すぐに解体して焼いてくれた。先生の息子さんが興味深げにその手際を眺めている。

卵をかかえたセイコガニの炭火焼きというのをはじめて食べた。沢山あるのでそのうち何匹かは焼きすぎてダメにしてしまうというオオバカ行為もあった。

谷底平野のキャンプ場。夜風は
つめたいが眼の前で全面展開す
るバーベキューの炭火が力強く
体のうちそとを暖めてくれた。

たまたま入った出雲の寿司屋だったがなかなかいい勝負をしてくれた。カニ寿司の上には味噌がのっている。

つめたい風が吹きぬけていくつくづくうらさびしいハワイビーチなのであった。ハワイと姉妹都市だというが冬の季節の妹（羽合町）はいかにもふびんに見える。

とつぜん沢山の海鳥がとんでいく。数百羽というたいそうな一群だった。

いきなり訪ねた山の上の保育園。子供たちは昼寝のあとのおやつの時間だった。

珍しく海べりで遊んでいる子供たちがいた。ぐるりと海に囲まれた日本だが、今はあまりこんな風景を見ることがない。

おみくじをまとって倍以上にふくらんでしまった木が拝殿の近くに並んでいる。そこだけ雪が降りつもったようだ。

果たしてどこにいるのだろうか。

それらしき風体

とにかく海べりにいけば簡単に見つかると思ったババアに中々会えない。町の人に聞いても、知らない、という人が多く、知っていてもまだ見たことがないという。そうなるとなんとかして見つけたい、と思うのがニンゲンの心理というものだ。とりあえずこの情報をもたらしてくれた昨日のニワトリ絞め殺し先生に連絡してみた。

「ババアが見つからないんですけど……」

坪倉先生はすぐにこころあたりに電話してくれたようで、やがて我々のところにやってきた。幸い雨は急速にあがり、冷たい風だけが吹いている。

先生がアタリをつけてくれた店は賀露(かろ)港に並ぶ鮮魚店のひとつだった。少し前に松葉ガニが解禁されたばかりで大きな鮮魚店の揃うこのあたりには大型の観光バスが何台も並び、店の中は観光客でごったがえしていた。

大型の松葉ガニが三千円とか八千円とかいろんな値段で売られている。市価にくらべてどのくらい安いのか見当がつかないのだが、これだけ大勢の人々が殺気だって殺到しているのだからきっとものすごく安いのだろう。

「さあカーニだカニカニ。カニカニカニイ！」

「カニが安いよカーニカニカニカニカニカニ‼」

店の兄ちゃんが殺気だった人々をいろんな声のカニカニ連呼でさらにあおっている。人々は数匹入りの箱入りを競って買っている。大きさは同じでも値段の高いほうがうまいのだろうか。しかし「これらのどれが一番うまいのカニ？」などと聞ける雰囲気ではない。しかも我々はカニを捜しにきたのではなくババアを捜しにきたのである。あちこち歩き回っていた坪倉先生が素早くババアを置いている店を発見した。華やかな松葉ガニの売場から較べるとあきらかに地味で薄暗い店の隅であった。平べったい箱に数匹がひっそりと安置されるようにしてヨコたわっていた。いまヨコたわる——と書いたがババアはとても平べったい形をしているので重ね置かれている、といったほうが正しい。

箱も平べったいが本体もしみじみと平べったい。全体にぬるぬる系で目が小さく、そのまわりにしわがたくさんある。なるほどどう見てもババアである。一匹購入。千五百円だった。

その後魚類図鑑で調べたところによると、この魚は島根県以北の日本海、オホーツク海に分布している深海魚で、体長は九十センチにもなり、松葉ガニを獲るときに底引き網にかかるという。つまりババア専門の漁はしていないのだ。スズキ目ゲンゲ科。正式名称は「タナカゲンゲ」。

この「ゲンゲ科」というのを聞いてピンときた。以前、富山の方でお目にかかったことがあるのだが、ゲンゲ科に「ナンダ」という魚がある。こいつもやっぱりぬめぬめ系で煮ても焼いても刺身でもパッとせず全体とにかくバカにされている。釣り人の間では完全に外道で嫌われているというから、それを聞いてその名の由来の見当がついた。

すなわち竿にいいヒキがきてくいと引きあげるとこの魚がかかっている。「ナンダまたこいつか!」と釣り人たちは誰もが言い、いつしかこの魚の名前は「ナンダ」となってしまったのではないか。もし仮にこいつがすこぶるうまい魚だったら「ヤッタ」もしくは「ヤッタア」という名になった筈である。以上はぼくのきわめて個人的な推論なのであまり深く認識しなくても結構なのである。

このババアをすぐ料理してくれるところを店の人に教えてもらった。同じ港に面した山田旅館である。訳を話すと三階の部屋に案内された。いわゆる割烹料理旅館で、なかなか賑わっている。宴たけなわの隣の部屋を覗かせてもらった。鳥取出身の一行だが十七回忌の法事で各県に散らばった兄弟一同が集まっているのだという。テーブルの上にどおーんとカニ刺、焼きガニ、カニ味噌、カニ豆腐、カニ汁、カニ鍋と松葉ガニのフルコースがのっかっている。

我々はババアの刺身、ババアの唐揚げ、ババアの煮付け、ババア鍋のババアフルコースである。うーむ。

はじめて食べる魚だったが、味は思いがけないほど淡泊で唐揚げなど油によくなじむようだ。鍋も肉にあくどい主張がないのでけっこうイケル。「うーむなかなかいいではないですか」一同ようやくさがしあてた満足感もあって平和な顔になった。ただ刺身は少々鮮度に問題があるとかで本来の歯ざわり舌ざわりではない、と店の人が言った。

「うーむ。ということはやっぱり新鮮なババアがいいということですな」

「若いババアということですな」

一同適当なことをいいつつ結局あらかたそいつを片づけてしまった。最後はババア鍋の残存スープによる雑炊がよろしい、というのでゴハンを注文した。しかしこの茶碗三バイのゴハンが中々やってこないのだ。十五分たち、三十分たった。食い物というのはある種のイキオイで勝負していくものであるから一勝負終わったあとに三十分待つ、というのはつくづく間抜けである。その写真だけ編集スタッフにまかせてぼくは外に出てそこで漸く静かに海を眺めた。

山陰ハワイ音頭

さて念願の（という程でもなかったが）ババアを食ってしまった我々は、たいした目的はないんだけれど、さりとて他へむかうあてもないので、そのまま国道九号線をぼんやり西へむかって進んでいった。やがて神話「因幡（いなば）の白兎」で知られる白兎（はくと）海岸に着いた。といってもとりあえずただそれだけのことで、海岸線はそれまでずっと見てきた陰鬱な山陰の海岸風景とまったく変わらない。海は相変わらず荒れており、風がびょうびょうと荒波のむこうから吹きつけてくる。

そこをさらに進んでいったあたりで一同小便タイムとなった。海岸のそこらの陰でやるのが一番手頃である。ただし風上にむかってやるのはオロカである。ま、そういうことはみんなわかっている。各自気に入ったところで軽くひと勝負してクルマのところに戻ってきて改めてそのあたりを眺めてみると海の休憩所のような小屋に「ハワイビーチ」と書いたうらぶれた看板が出ている。東洋のワイキキだとか東北のタヒチだとか、日本人のよくやるチープで侘しいその場しのぎのネーミングだろうと思ったが、その少し先の道路ぎわの看板にも「ＳＥＡＳＩＤＥ　ＨＡＷＡＩ　ＢＥＡＣＨ」

などと書いてある。別のところには「ハワイ温泉」などという看板もある。なんだ？　なんだ？　とそれらを見回すばかりである。間もなくわかってきたのだが、ここらは「羽合町」というのだった。そこで漢字で羽合と書かずにカタカナのハワイを名乗りだしているらしい。役場の前を通りかかると「ハワイと姉妹都市」などと書いた大きな垂れ幕もあった。なんとこれはつまりみんなして〝本気〟なのである。さらに聞いてみると夏の間は町役場の人はアロハシャツを着て勤務しているという。

「しかしアレですね。姉妹都市というの時々聞くけれど、姉妹となって結局何すんでしょうね？」

「固めの盃を交すとか……」

「それ、義兄弟のほうでしょう」

「あ、そうか。姉妹というのは聞くけど兄弟都市というのはあまり聞かないものなあ」

「兄弟船はあるけど……」

「この場合どう見ても本家のハワイのほうがお姉さんでしょうなあ」

「妹がこんなに寒いところにいるとは思わないだろうなあ」

「さっき小便したとこの海の家のハワイビーチっていう看板、海風で今にも倒れそうでしたよ。海岸の枯れ草も切なげにふるえていたし！」

「さくらと一郎の昭和枯れススキみたいだった」

「あれは兄妹だからね」

「ちがうよ。あれは駆けおちだよ」

「そうか。困ったな」

「むしろ山陰ハワイ音頭がほしいところだな」

一同わけのわからないことを言いつつさらに進んでいくと、やがてどう見てもチンポコの形をした絵の看板があった。饅頭のようである。なんとなく導かれるママというかんじでその店に入ってしまった。

「木ノ根本舗」という店で、中にはまさしくチンポコ型の饅頭がズラリと並んでいる。サイズは二種類。ひときわ巨大な王様のようなチンポコもある。店の人に聞くとこれはけっして「チンポコ饅頭」ではなく「木ノ根饅頭」であると力を込めて言うのだった。それなりの由来が書いてあり、体が頑健になり、子宝に恵まれ、おねしょも治るという効能である。店のすぐ横のところでご主人がその饅頭をつくっていた。殆ど手づくりで、チンポコの型どりはお茶の缶をそのような形にして使っている。

その夜は皆生(かいけ)温泉に泊まった。ここは温泉旅館が林立し、「山陰の熱海」といわれているらしい。ハワイの次は熱海という訳だがその前の月の砂漠といい、どうも山陰というのは自立性がなさすぎるのではあるまいか。

今や地方の大きな温泉旅館はどこもみんな同じようなしつらえになっていて揃いの浴衣にスリッパペタペタスタイルばかりだが我々の泊まった「湯喜望白扇(ゆきぼうはくせん)」という宿は全館ロビーも廊下も畳敷きで素足で歩くようになっている。新築して一年と少し、という新しい宿だったがこれは中々気持ちがよかった。しかし取材ということもあるので夕食は宿ではとらず近くにある境港のやたらに大きなイケスのある大衆割烹のような店にいった。しかしここはなんだかよくわからないがひどく愛想の悪いところで、店の従業員がみんな仏頂面をしている。付き出しをテーブルに置くのも「ドスン！」だ。

鍋を注文したら「予約してないとだめだ」とわけのわからないことを言うのである。山陰の夜は底冷えがする。最初から「今夜は海産物の鍋でアツカンをキュッと……てえやつですな」などとみんなで本日の基本方針をゆるぎないものとしつつ笑ってこの店に入ってきたのでこのつれない返事にはまいった。

「そこらにある魚の切れはしとか野菜の残ったやつでもぶちこんでどんなのでもいいですから鍋をつくってくれませんか」と頼んでもダメであった。「おねげーします」

と手を合わせてもダメだった。

「山陰の中国人民食堂」という名をこの店に命名し、まったくまごころのこもっていないまずいうどんを食って早々に宿に戻った。

大根島はニンジン島だった

こういう時代にあてのない旅というのはいいようでいて結構気になるところがある。あてがないといっても、一応これは最初から終わりまで取材の旅である。まったくなんのあてもないわけではなく、旅ゆけば何かがあるだろう、と思って進んでいくわけだから、その「何か」を常にどこかで捜している。具体的にはクルマの窓から次々に展開していく知らない町の何か変わった風景を捜しているのである。だから移動中にのんびり居眠りという訳にもいかない。翌日はさらにそのまま松江方向にどんどん進んでいくと、道路標示に「大根島（だいこんじま）」という文字を見つけた。

もともと島が好きなぼくはこういう標示を見ると嬉しくなる。すぐさま松江直行をやめて大根島に向かうことにした。

といってもその段階で地図を見て分かったのだが島といってもどうやら道路で地続きになっているようである。あっちこっち干拓してしまった中海（なかうみ）の中にあるのだ。

昭和五十六年、中海干拓事業の堤防工事によって地続きになったのがこの大根島なのである。もう一つ江島というのも堤防の道でつながっており「そうかそうか」と言っているうちにクルマはたちまち大根島に入ってしまっていた。いくつもの橋によって地続きになっている島というのはそこに住む人にとっては大変便利なのだろうけれど、旅をするものにとってはやや味けない。

「すでに大根島のど真ん中のあたりに来ています」

運転しているN氏が言った。

平坦な島であった。畑が広がり、ところどころに民家が見える。

「おお、やっぱり大根が干してあります」

K君が大発見のようにして報告する。

「やっぱり大根島だからなあ。よかったよかった」

何がいいのか自分でもよく分からないのだが、そのようなことを言いつつクルマから降りて干し大根の写真を撮る。こんな程度のことで取材ということになるのだろうか。撮りながらやや不安になる。

地図を見ると東西二・八キロ、南北二キロの多角形をした島である。例によってあまり人の姿は見あたらない。ところどころに小さな船置き用の港があり、二、三人乗りぐらいの小舟が泊まっている。びっくりするぐらいに船底が高く、なんだか不安定な恰好である。なんとなく厚底靴を連想してしまった。こんな厚底船で何をどうする気なのだろうか。それにしても大根島といいつつその後大根の姿はまったく見かけない。

「おっ、この島の特産品はニンジンと書いてありますよ」

昨日の旅館でもらった簡単な案内チラシを読んでいたK君が今頃になって大発見のようにして言う。相変わらず我々の取材はその場凌ぎの極致をいっている。しかしダイコン島といいつつニンジンが特産というのはどうも怪しい。どこにニンジンがあるのだろう？　ニンジンの葉の形を思い起こしながらさらにグルグル回ってみたのだがどうもそういうものは見当たらない。変だなあと思っているとやがて農協の看板が見えてきた。こういうところに聞けば何かわかるだろう。しかしよく考えてみるとニンジンを見つけてその写真を撮って「大根島はじつはニンジン島だった」ということをあきらかにしてもそれでいったい何がどうなるのだ、という気持ちがどこかにある。しかしこれほど何もない島ではそのくらいしか発想がうかばない。

農協に聞いてみるとニンジンというのは朝鮮人参のことで、この島のあっちこっちにその畑があるというのだ。げんにその農協の前にも畑があるという。首をひねっているとその人が親切にも案内してくれた。

さいぜんからなにか畑におかしな形をした囲いがたくさんあるなあ、と思って見ていたものがその畑であった。

厳重に囲いがしてあってなんだかものものしい。

「はい、これが人参です」

と指さすところを見るのだが、どうも何もないような気がする。まもなく畑の畝の上に僅かにツクシの子供のようなものが見えていてそれが二年ものの朝鮮人参であることがわかった。

「へえーこれがですか？」

出荷できるまで六年かかるという。日本の朝鮮人参はここと長野県、福島県でしか作られていないということも教えてもらった。その後農協の倉庫で六年ものの三百グラムの見事なのを見せてもらった。

朝鮮人参は高価なので盗難を防ぐためにその栽培は長いこと秘密にされていたそうだ。出荷も大根と偽っておこなっていた時期もあるというが、それでもどこかで情報が漏れて船でひそかにやってきて盗掘される被害が昔は多かったという。

そんな話を聞いているとやがてどやどや大勢の人々が売店にやってきた。朝鮮人参を買いにきた観光客のようだった。

たそがれて出雲

再び松江方向に進んだ。中海を突っ切っていく堤防道路は二キロほどもあり、目的地にいくには便利だろうが、その昔の広い湖の景観を考えると、どうもこういうふうに湖をつぶして強引に造った道路というのは走っていても常に虚しい気分がつきまとう。秋田の八郎潟の中の無人の立派な弾丸道路のようなところを走った時も同じような気分だった。この中海も結局は工事の為の巨額な金だけかけて、当初の大きな目的だった埋め立てによる農地開拓は達成できなかった。〝湖を埋めていく日本〟の象徴的な風景がここにもある。

松江を通り越し、県道二三号線を北上して日本海側にでた。県道は崖の上を走っており、その下の崖のところどころにしがみつくようにして小さな集落があらわれる。薪を背負ったおばあさんを見かけたので、その後を追って集落に降りていく道を行ったがたちまち見失ってしまった。どうやら崖を垂直に降りていく細道があるらしい。

看板があってそこが「地合」という集落であることが分かった。戸数二十もないような寒村である。人の姿も見えない。ぐるっとまわってまた崖の上の県道に戻る。次にあった「坂浦」という集落も同じようなものだった。まだそんなに遅い午後でもないのだが、人のいない集落というのはとにかく寂しいものだ。再び県道に戻って少しいくと三人連れの女子中学生と出会った。今ではあまり見かけない白いズックのカバンを肩から下げており、車をとめていきなり話しかけた見知らぬおじさん（ぼくのことです）にもなんの警戒心も見せず「こんにちは」の挨拶に快活に答えてくれた。

近くの佐香中学の二年生であった。生徒は全部で六十七人か六十九人で、正確には分からないそうだ。学校はその道を登っていく峠のようなところにあり、そんな高台に学校があるのは反対側にある集落とこちら側にある集落の両方から生徒が平等に通っていけるからだ、という。なるほど。

そういえばこの取材で以前行った鹿児島県の甑島でも学校は山の上にあり、その山に続く道の両側の生徒は片道一時間もかけて通学していた。

三人組と別れてさらにいくとその中学の入り口があり、男子生徒が坂道から降りてくるところだった。陽気な連中でカメラを向けると「へい、へーい！」などと大騒ぎをしていた。その向かいに保育園があり、窓から顔を出している幼児の写真を撮っていると「あなたはいったい何ですか？」ということになり訳を話すと、それじゃあ中にはいりなさい、ということになり、昼寝から起きたばかりの小さな子供たちの写真を沢山撮らせてもらった。おまけに帰りがけにコーヒーと柿をゴチソーになった。柿がたいへんにうまい。

保育園に別れをつげてさらにいくと「小伊津(こいづ)」というやっぱり小さな集落があり、港に子供らが数人いた。中学生と小学生で、かくれんぼうをしていたらしい。大柄の中学生がなぜか頭にほっかぶりをしていて、カメラを向けるとそのまんま照れている。ここにも懐かしいような子供らが沢山いる。

その夜は出雲大社の前にあるえらく古めかしい宿に泊まった。客はあまりおらず、部屋もなんだか陰気だが、まあこのあたり、そういうようなものなのだろう。宿の夕飯はやめて町の寿司屋に行った。夜の町もえらく暗く人の姿は殆どない。ヒラマサ、ヒラメ、メジマグロ、サバ、アジ、イカ、カニ（なぜか上に味噌がのっている）などが並んだ。タマゴがとてもうまい。

「出雲の寿司はタマゴに限る！」などと出雲迷惑になりそうなことをほざいてその日は早めに宿に戻り、寒いので早めに寝てしまった。

翌日は低い雲の曇天でやっぱりえらく寒い日だった。相変わらずあたりに殆ど人影というものがない。

同行の三人で、宿から歩いてぶらぶら出雲大社にでかけた。有名な神社だが三人とも初めてである。砂利を敷きつめた広い参道を歩いていくと、どこからどう現れたのか神社の前には沢山の人々がいる。団体の観光客のようである。しかしどう見ても縁結びとはとうに関係ないような熟年、老人ばかりである。

その社のまわりの木々にはびっしりと御神籤（おみくじ）が結びつけられていて、まるでそれらの木だけに雪が降り積もっているようである。その御神籤を売る巫女さんも白い着物が寒そうであった。

その巫女さんの横顔が色っぽい、と言ってひいた同行のN氏の御神籤。

「今年の運勢は、衰弱年にして、願望急に達せず、動き迷に身の破滅を来す。虚栄心を去り、節約を旨とし、誠意を以て心静かに時を待たれよ。判断・通信―後に達す、土木―吉あり、結婚―縁あり、病気―重し、移転―吉、失せ物―出ず、売買―利なし、方位―西吉、旅行―よろし」

にっぽん
最西端馬糞島

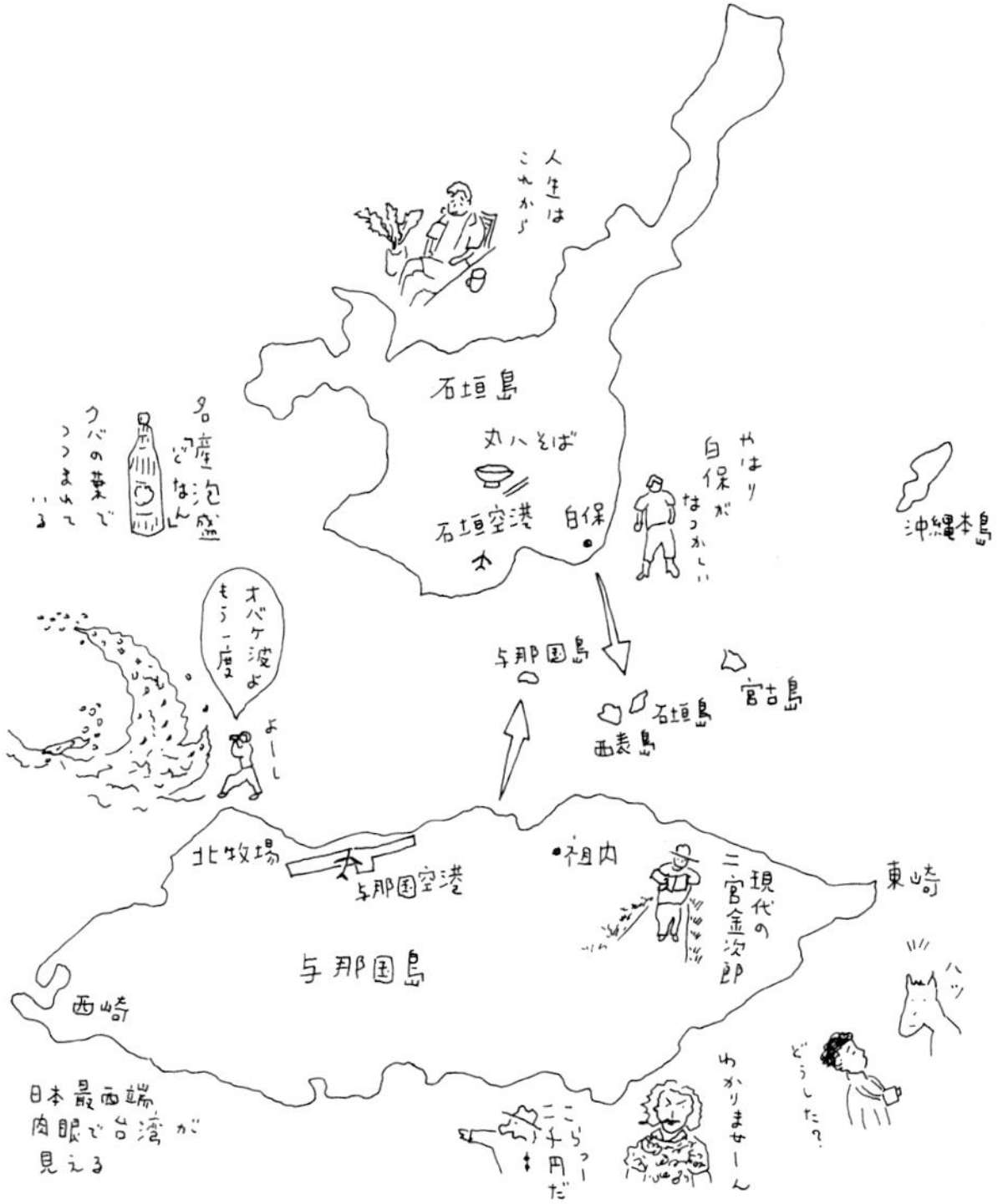
人生はこれから
石垣島
丸八そば
石垣空港
白保
やはり白保がなつかしい
名産泡盛どなんクバの葉でつつまれている
沖縄本島
オバケ波よもう一度
よーし
与那国島
石垣島
宮古島
西表島
北牧場
与那国空港
祖内
現代の二宮金次郎
東崎
与那国島
西崎
ハッ
どうした?
わかりませーん
こちらーは千円だ
日本最西端
肉眼で台湾が見える

みんなヨソのヒト

東京を早朝六時三十分発のＪＴＡ機に乗って石垣島を経由し（いったん乗り換えるのだが、同じ飛行機、同じクルーなので国際便のトランジットに近い）、十一時五分にはこの日本最西端の島、与那国島に着いていた。

石垣島から百二十八キロ、台湾から百十キロなのでよく晴れた日には肉眼で台湾が見えたりするという。一月二十四日であったが、降りたとたんにムワッとした湿気まじりの温風が体のまわりを取り囲む。

十七、八年前に一度きたことがあるのだが、その時はカジキ漁の取材でとにかくずっと船に揺られていた。そしてカジキはとうとう釣れず、餌のカツオをおかずにして弁当を食った、という記憶だけが鮮烈である。そのカツオもバケツの中に入れた切り身に酢だけかけたものである。せっかくのカツオをもったいない、と思ったが、これが妙にうまかった。

残念ながら冬場はカジキの漁がない。とりあえず何か食っておこうと思い、八重山そばのうまいところがないですか？　とクルマを借りたレンタカー屋に聞くと、空港のレストランのが一番うまいという。行ってみると一月というのに中はクーラーがきいていた。ドアの張り紙に、今日は予約客がいるのでそばと飯しかない、という。島のそばを食いにきたのでそれでまったくかまわないのだが、なるほどテーブルの殆どが宴席のしつらえになっている。島の人の宴会があるようだ。空港レストランで宴会というのが島らしくていい。

オリオンの生ビールにそばを注文。沖縄エリアの生ビールは大抵ジョッキを冷凍庫に入れてジョッキの表裏トコトンまで冷やしておいてあるのでテーブルに置かれたその風景は実にウツクシイ。ただし、店によってはジョッキをサカサにしないで冷やすので飲んでいると突然ジョッキの底のほうから残った水の凍ったカケラがごぼりと浮き上がってきたりする。この氷まじりの冷やしすぎビールというのもちょっとツライものがあるのだ。

元気のついたところでとりあえず島をひとまわりしてみることにした。しかし予想したとおりあまりヒトがいない。久部良(くぶら)の港のあたりで幼稚園から帰ってくる子供たちに出会った。男の子のほうは妙にテレているが女の子のほうはお尻をむけて「プッ」とおならをする真似をしたりして元気がいい。

その先の西崎(いりざき)展望台に行った。相変わらずヒトの姿はない。ここは島の一番西の外れでつまりは日本最西端という訳である。

晴れた日は台湾が見えるという場所である。よく晴れているのだが、水平線に厚く靄（もや）がかかっていて結局何も見えなかった。誰もいないと思った展望台の太い柱の陰に若い女性がひとりそこに寄り掛かって文庫本を読んでいたのでびっくりした。足もとにカンビールが置いてある。むこうもびっくりしたようだった。

　黙ってそっけなくしているのもナンなので観光客なのかと聞いてみると、島のサトウキビの製糖工場で糖度を計る仕事をしているという。島の人ではなくて新潟からやってきたのだという。写真を撮らせてもらった。一緒に働いている人は北海道出身者が多いという。やっぱり北の人は南に憧れてやってくるのだろうか。島にきて一ヵ月になるが工場と（住んでいる）民宿との往復の日々で島の観光はまだ一度もしていないそうだ。

　島にいるあいだいちど工場に見学に来て下さい、と新潟の色白美人は笑いながらいった。フーテンの寅さんだとそのあとひょんなことでその娘と出会い、話はまた別の方向にどんどん発展していくのだが……。

　島の裏側に向かう道を進んでいった。いきなり水田がひろがり、サギのような鳥がいる。南の島の風景とは思えないようなしっとりとした緑のつらなりである。

　東西約十一キロ、南北約四キロのこの島には中央に二百メートル前後の山が続いていて年間降水量も多く、河川や泉も多いので古くから稲作が行われているのだ。

そんな風景を撮影していると、ヒトもクルマも通らない道を向こうから中年の男の人が本を読みながら歩いてくる。よほど面白い本らしく読みながら途中で立ち止まったり歩いたりしている。今どきこんな二宮金次郎のようなヒトは珍しいのでその様子も写真に撮ってしまった。まもなくそのようなコトをしているぼくに気づきその人も立ち止まった。ぼくの顔をまじまじと眺め「シーナさんじゃないですか?」などというのでびっくりした。

高知県からやってきた旅行者で、島にきて十日目だという。

「会社の仕事を辞めて、人生の休暇のつもりでここにきたんです。あなたと沢木耕太郎さんがこの島のことを書いていたので前からいこうと思っていて三十年ぶりに実現させたんですよ」

ウーム。旅ゆけばいろいろな人との出会いがある。そこからさらに進んでいくと堤防の横にテントを張っている青年ライダーがいた。埼玉からきてもう七ヵ月という。

美馬の鼻すりすり

比川(ひがわ)から島の東側にむかう途中で山羊(やぎ)の親子が散歩していた。親は雄と雌のようで、子山羊は二匹。妙にクールである。我々が近づいていっても逃げるわけでもなく、しかし接近するわけでもなく、さりとて無関心というわけでもなく、しかしことさら関心をしめしているわけでもなく、なんというか「別にィー」という感じのニューファミリーヤギなのであった。

島の東のはずれ、東崎（あがりざき）の展望台の付近に牧場があり、そこに馬の姿があった。ぼくは馬が好きである。話に聞いていたこれが純国産種のひとつ、与那国馬（ヨナグニウマ）なのだろう。おお、嬉しいではないか。鉄線のゆるいところをくぐってその中に入っていった。柵の中は当然馬糞がいたるところに転がっている。

子供がいるらしいお腹の大きな馬が面倒くさそうに僕を眺め、面倒くさそうにゆっくり別の場所に移動していった。すまぬ、すまぬ。そこから少し上がったところに別の二頭がいた。顔のアップの写真を撮ろうと思ってレンズを中望遠に取り替え、七、八メートルまでの距離に接近した。カシャカシャカシャ（モータードライブのカメラの回転する音）。馬は「ん？」という顔つきでこっちを見ている。

まだ逃げる気配はなかったのでさらに五メートルほどのところまで詰めた。世界のいろんなところでいろんな種類の馬と接触しているが、大抵そのくらいの距離で馬は遠ざかっていくものだ。しかし、その馬は逃げなかった。逃げないどころか、そいつのほうがぼくのほうに接近してくるのだ。三メートル、二メートル。

今度はこっちが「ん？」という番であった。ぼくがなにかの餌を持っているという訳でもない。それにしても自分からこんな近くまで接近してくる馬なんて初めてである。世界で一番人間との接触が多いと思われるモンゴルの馬だって見知らぬ人間に自分からこんなには近寄ってはこない。

気がつくと馬はその長い鼻面をぼくに擦りつけていた。「ん？　なんだなんだ」君は雌なのであるか？　もしかすると年頃の美人の雌なのであるか？

馬はちょっと見ただけでは雌か雄かわからない。まして美人の美馬かどうか、というのもよくはわからない。しかしその鼻面の擦りつけかたは、いやはや可愛いのなんの。やっぱり年頃の美人馬なのであろう。

後で与那国馬について調べてみると次のようなことが書いてあった。

「独特の発展をとげてきた在来馬。小型で性格温厚。慣れやすく粗食に耐え、四肢は強健で持久力に富む」

古き良き時代の〝いい嫁〟の条件にぴったりではないか。

その美馬と戯れているとまもなく別の美馬も駆け寄ってきて「わたしにもすりすりさせてえ！」などと言いながら同じように鼻先を擦りつけてくるのである。気がつくとさらにもう数頭がこっちに駆け寄ってきそうなトロンとした目をしている。東崎にやってきた観光バスの客が嫉妬の目でこっちを見ている。これ以上かれらを刺激する

島の初日は申し訳ないくらいの上天気。海もおだやかに凪いでいた。島の東端にある東崎の岬の上はこうして見ると素晴らしい草原だが、実は牛と馬の糞だらけなのである。

サトウキビ工場に働きにきた新潟の娘さん。休みの日はここにきて本など読んでいるという。足もとにカンビールが二本。

散歩中というか移動食事中というか……。なんだか困ったようなヤギの親子と出会った。ずっと同じ方向にしばらく歩いた。ヤギ君たちは迷惑そうであった。

いきなり怒りながら走ってきた老人は二千円を要求して馬に乗っているところを写真に撮らせた。与那国馬はくつわもアブミもなく、木の枝で作られた独特のたづな繰りをする。

今年はサトウキビの豊作でこれは家畜のエサにする分だという。一日中働いて小型トラックの荷台をいっぱいにする。

与那国中学に毎日三線（＝蛇皮線）を持って通学していた少年はいつしか民謡の名人になっていた。校長先生が自慢げであった。

島独特の擂りトウガラシ。刺身にもトウフにもそばにもこれを投入。島人の食事の必需品である。ピリピリヒハヒハしてたしかになかなかの実力ぶりだ。

にがりのきいた島ドウフは存在感に満ちている。アルコール度数の強い泡盛「どなん」をイッパイやってちょっと一キレ。

小粒だがヤル気のある与那国島産のトウガラシ。仲嶺さんの畑でとれた。南島の人はたいていトウガラシが好きだが、この島の人々のトウガラシの偏愛ぶりには感動した。

前頁―馬鼻崎の先端に接近していくのは大変だった。写真を撮っているだけでオソロシクなってくるような強風と大きな波がひっきりなしに断崖に打ちつけてくる。

激しいようなやさしいようなンマナガマチリの唄と踊り。どこか異国の気配をただよわせている。

蒸したタイ米と黒麹をまぜる。翌日は全体が黒くなっており、そのあと二十日間ぐらいで発酵させる。

発酵している「どなん」。日本で一番アルコール濃度の高い酒だ。

泡盛「どなん」の商品化を可能にしたクバの包装はこの仲嶺利子さんの発明だった。

この島の旅の途中でナンダカワカラナイこのような物体に出会った。青い空をバックにこのナンダカワカラナイものはナンダカワカラナイままにふところ深く美しく輝き、ナンダカワカラナイままに感動させてくれるのであった。

とまずいので「もう今日はこのへんにしておこうね。また来るからね」と、言いつつさっき忍びこんだところまで戻ってくると、なんと美馬はそこまでついてくるのである。これもいわゆるひとつの「付け馬」である。

「ほんとにまた来てね」

「うん。約束するからね」

ひゃあモテルのもつらいなあ、とつぶやきつつつらい別れをのりこえて祖納(そない)の方向にすすんでいくと、牧場らしきところにまたもや馬がいた。今度のそれは実際に農耕馬として使われているらしく、鞍や馬具がついている。近寄って写真を撮ろうとすると、

「こらあ！」

という大きな声がした。なんだなんだ？　やがて牧場のほうから歯のない老人が走り出てきてなにかしきりに大声で怒っている。最初はなかなか意味がわからなかったのだがどうも「写真を撮るなら金を払え！」と怒っているのであった。「いくらですか？」試しに聞いてみると二千円だという。

そこで二千円払ってその老人が馬に乗っているところを撮らせてもらった。二千円渡すとそれまで怒って（どうして怒っているのかわからないのだが）いた老人は急に

優しくなり、「写真を撮ったら、この馬に乗らないか？」などとくねくねしたネコナデ声を出すのであった。

旅ゆけばヒトビトがいる

祖納の集落の外れのあたりでサトウキビの収穫をしているおじさんがいた。サトウキビ工場に勤めているという展望台の新潟色白娘のことを思い出してしまったので声をかけた。今年は豊作で今刈り取っているのは牛の餌にするのだそうだ。

その向かい側に中学校があり、なんだかここちのいい三線（蛇皮線）の音が聞こえてくる。ハテ中学校でどうして三線なのか、と思いそおっと近寄っていくと詰め襟の学生服を着た中学生が校庭で練習をしている。その前にいかついい顔をしたおじさんがいて何事か野太い声をだしながらしきりに写真を撮っている。挨拶をし、一緒にその三線少年の写真を撮らせてもらった。三線少年はここの一年生で、毎日学校に三線をもってきて練習しているうちにこのように上達したのだという。写真を撮っていたおじさんはこの中学の校長であった。

校長の趣味は写真で「この島の取材をしている」と言ったら参考になる写真を見せてあげようと校長室に連れていってくれた。しかし見せてくれた写真はどうもこの島の風景とだいぶ違う。聞けばここにくる前は北大東島（きただいとうじま）の中学校の校長をしていたのだという。したがって北大東島の写真ばかり次々沢山見せられた。いや、見せていただいた。しかし北大東島はここから約千キロも離れた沖縄最東端の島であり、ここは日本最西端の島であるからどうも困った。写真はまだダンボール一杯分ぐらいありそうなのでこんど北大東島にいくときもっと見せてもらいますからね、サヨナラサヨナラと言ってスバヤク去った。

この島で泊まった宿は「ホテル」であった。島ではホテルといいつつ四畳半襖（ふすま）しきりの畳敷きの部屋などというのはざらにある。ましてや日本最西端の島なのであるからどんな状態でも驚かないぞ、と思ったのだが、通された部屋は質素ながらもおお！　シングルベッド、バス・トイレ付きなのであった。部屋は奇妙な五角形でベッドと壁の隙間が三角形になっていたが、もうそんなものはどうということはない。

フロントにやや日本人離れしたロングヘアの色黒娘がいて、その色黒娘を手伝う部下は茶髪イヤリング青年であった。けっこう客がいて、それらの人々はどうもなにかの医療関係の視察チームみたいで愛想はないけれどインテリふうの中年男女チーム。それから金髪、グレー髪、紅髪、マダラ髪の、愛想はいいけど頭の軽そうな若者たちがいてけっこう館内騒然としている。

夕飯は外で酒でものみながら、と思ったのでホテルのロングヘアに聞くと、居酒屋が二軒あって一軒はおいしい、もう一軒はその反対、という。当然おいしいほうに向かったのだが、休みであった。仕方なしにその反対のほうに行った。

結構こんでいた。メニューはトンカツ、冷や奴、焼きトリなどという全国おなじみ標準コースなのでこれはどうしたらいいか、と思ったがカツオの刺身があるというのでとたんにひとつの展望がひらけた。モズクも同時に注文。テーブルの上に小瓶があり、とにかくなんでもこれをつけて食べるとうまい、と店の人がいう。トウガラシを粉砕したようなものがぎっしり詰まっていた。こちらのカツオの刺身は大根のツマと香菜がいっぱいのっている。この島ではカツオとそれらをいっしょに食べるのだという。同時にさっきのトウガラシもそこに参戦する。郷ニ入レバナントヤラでそのとおりにするとこれが結構イケルのであった。大根と香菜とトウガラシの曲者(くせもの)個性の強弱アンサンブル構成がなんともいえない。「うーむ。おーし！」嬉しくなってもう一皿注文したがもう売り切れ、ということであった。きえい。

隣の席にどうしたわけか大変に硬い表情をした親父の二人組がいる。なにか仕事の話をしているのだが、二人ともニコリともしない。しかし確実に酒をのみ、確実に飯を食っていく。その揺るぎない迫力のあるスピードになんだか感動をおぼえたので、密かにパチリと写真を一枚。しかし見つかってしまった。

「なんでこんなところを撮るんだ」

　まあ別に気色ばんだところはないのだが、とりあえず説明しなければならない。話せば気のいい二人組で、それならこんなわしらを撮るよりかこの島の祭りを撮ったらいい、明日やるからよ、と耳よりの情報を教えてくれた。難しい顔をして黙って食っていたのはわけがあって、二人はずっと長いこと一緒に仕事をしていてもう殆ど話す話題もなくなっているから――という話であった。

　祭りは「ンマナガマチリ」という呼びかたをする。明日はやく展望台の上に行けば太鼓たたいての踊りや唄などが見られる、というのである。こういう取材にはうってつけの舞台設定である。その展望台というのがどのへんなのか聞いておこうかと思ったが、まあ祭りなのだから島の人に聞けばすぐに分かるだろう、と判断した。

　店の外に出ると風が強くなっていた。ぶらぶらとほどよい闇の中を帰る。もう少し強い酒をのみたいところだった。

五角形の部屋はなかなか不思議な居ごこちで、早朝風の音で目を覚ました。ベッドの斜め上に窓がある。その向こうに流れていく雲が映画のスクリーンを斜めに見上げている気分だった。どかどかと廊下をいく男たちの足音がする。そのやかましい声の群は、昨日見たいろんな色の髪の毛をした兄ちゃんが食堂にいく音らしかった。それをきっかけに起きる。頭をすっきりさせるためにホテルの外に出た。昨日とはがらりと変わって風雲急を告げるような天候である。風がときおりするどくそのあたりの路地を走り抜け、どうやらいきなり低気圧かなにかがやってきたようであった。

ホテルのすぐそばにスーパーがあった。ぶらりと入ってぐるりと回ると大きな豆腐が出来たばかりのようだ。沖縄方面の豆腐はニガリを海水からとったりしているので、まだあたたかく、とにかくうまいのである。ゆし豆腐という。思わずでっかいのを一丁買ってしまった。あと先考えずの買い物であった。買ってしまったものはしょうがない。そのままぶら下げてホテルの朝食会場にいった。会場といっても十人も入ればいっぱいになってしまうような部屋だ。すでにあの愛想のわるい医療関係（推測だが）のグループと愛想はいいが頭の軽そうなクレヨンふうの色々頭のあんちゃんたちが飯を食っている。テーブルの上にあるのは発色剤たっぷりの超薄ハムやベニヤ板のような超薄超堅シャケの切り身などというさびしーいおかずだった。おお、やっぱり発作的購入の豆腐は大成功なのであった。そいつを皿の上に置くとそのたっぷりとしたボリュームに圧倒される。まだほわんと熱いそれにショーユを注ぎ、エイヤと巨大な一箸をこそげとる。

「うーむ、うまいぞ」クレヨン頭たちが見ているがやらないのだ。これでまわりのやつらから完全に差をつけたのである。思わずごはんをお代わりしてしまった。

飯がすんだあとすぐに出掛けることにした。祭りは朝早く始まるというではないか。どこでやっているのかまだわからないのだけれど、狭い島の祭りであるから誰かに聞けばすぐわかるだろうと思って、とりあえず宿のロングヘアに聞くと、なんだかさっぱりわかりませーん、という顔をしている。仕方がないのでさっき豆腐を買った店のおばちゃんに聞きにいったらやっぱりわからないという。しかしさすが今日どこかで祭りをやっているらしい、ということは知っており、誰か長老らしい人に電話して聞いてくれた。朝方の発作的豆腐購入作戦はあちこちで大成功しているのである。

祖納にある天然の展望台「ティンダバナタ」というところでやっている、というのでクルマをとばした。その頃からふいに大粒の雨が降ってきた。気温は急激に下がり、風がいきなり強まってきた。

そこは標高百メートルの高さがあった。しかしいってみると誰も居なかった。強い雨がバサバサとあたりの木々の枝葉を叩く。うーむ。なにがどうなっているのだ。展望台から車を駐車させておいた広場に戻ると島の人らしい老人と出会った。すぐさま祭りの場所を聞いた。

祭りの一行はこの展望台にたしかにきたが、ここは神事に使う水を採取するところで、一行はいま島仲（しまなか）という場所に移動しているところだという。

「オーシ！」

即座に行動を開始した。なんだかわからないけれどここまできたのだからとにかくそこにいくしかない。雨足はかなり強くなってきていたが「雨の祭り」というのも悪くない。言われるままに島仲という場所に向かった。しかしそいつがなかなか見つからないのだ。唯一そこらしいと確信できたのは村人の乗った軽四輪が何台か道の端に止まっていたことであった。早速聞いてみると今はまだ祭りは別のところにいてやがてこっちに向かってくるだろう、という返事であった。

そこは「トゥニ」という場所で、腰ぐらいの高さの石垣に囲まれたちょっと見た感じお墓のようなところであった。まわりには何本かの木がやっぱりその囲いのまわりをとりかこんでいる。いったい何がどんな状態でここに向かってくるのかわからないのだが、とにかく曲がりなりにもようやく祭りの片鱗に触れたのである。そのあいだにも雨足がまた強くなってきた。気温はさらに下がったようで、薄いブルゾンでは寒いくらいだ。昨日のあのクーラーがかかっていた空港レストランでの出来事は本当だったのだろうか。それにしてもいきなりこんなに寒くなってしまってこれでも日本の最西端の島なのか！　誰にともなく文句を言いたいような気分になってきた。

我慢して震えていると三十分ほどで目当てのものがやってきた。と言ってもべつに神輿（みこし）とか山車（だし）がやってきた訳ではなく、軽トラックが三台ほどつらなってきただけであった。

軽トラックからは神事に使うらしい酒や食器などが下ろされ、囲いのなかに置かれた。そして頭に草の葉で編んだ古代オリンピックのオリーブの冠のようなものをつけた厳しい顔つきをしたオバアがおごそかに降りてきた。

波濤がどかどか

石垣で囲まれた「拝み場所」のようなところに頭に草の葉で編んだ冠をいただくオバアが座り、その前に沢山の供物が並べられた。線香がたかれ、人々がさらにその周りにかしずく。——そういうことが綽々（しゃくしゃく）と、別の言葉でいえばきわめてノロノロとすすめられていく。

カンブナカ（別称ムラマチリ）はこの島で二十五日間にわたって行われる一連の祭事で、島の人はこの期間をカンスティ（神の月）と呼び、いくつもある神事、祈願に参加する人はこの期間一切獣肉を食べない。

祭事はクブラマチリ（外敵に対しこの島に巨人がいるように見せかけるため大きな草履を海に流す）ウラマチリ（牛馬の繁殖祈願）ンディマチリ（嫁取り婿取り、家内円満）ンマナガマチリ（五穀豊穣祈願）ンダンマチリ（旅の安全祈願。魚を神に捧げ、一同祝宴、夜更けまでドゥンタを歌い踊る）という五つのブロックにわかれている。ぼくの目にしたのは四番目のンマナガマチリのようであった。

相変わらず風が強く、頭の上の古木の枝がきしむように揺れて騒ぎ、まわりを囲むサトウキビ畑がごうごうとすごい音をたてている。

午後から宴会が開かれ、歌や踊りが見られるというので、それまでの間荒れている海を見てくることにした。海べりをめぐる旅はまあとりあえずの気分としておだやかに晴れていてくれるに越したことはないが、それでも今日のように荒れた日の激しい波濤を見るというのも悪くない。

車を祖納港のほうに走らせた。遠くから打ちつける波が堤防の三〜五倍くらい上のほうまではじけ飛んでいるのが見える。荒れた海の巨大な波濤を見るというのは身も心もうちさわいで楽しいものだ。近くまでいくとそのしぶきが百メートルぐらい内陸にまで流れてくるのでクルマの外に出てタイミングをあやまるとびしょ濡れになってしまうのだ。しかしそれがまた面白い。面白がってどんどん接近していって、突然やってくるオバケ波にクルマごと海にもっていかれた話を前に聞いたことがあるのでそれなりに用心した。フト見るとここよりもむこうの岬の先に打ちつけている波のほうがもっと巨大ですさまじい、ということがわかった。こういうのは〝波見男〟をさらにまた激しく刺激する。さっそく、より激しい波を求めてそっち方面へ進んでいくことにした。どうやら空港の西側に牧場があり、その先の岬の突端らしい。接近していくのだがどうもそっちへ入っていく道がわからない。困っているとちょうどそこへボディに観光課と書いたクルマがやってきたので聞いてみるとシロウトではちょっとわからないような入り口をおしえてくれた。

牧場の柵に門があるから入ったら門を閉めておくように、とだけ注意事項を言われた。

広大な牧場であった。ぬかるみの中にいちめんの馬糞が散らばっている。いやはやその数と量がハンパではなく、進んでいくのに一瞬ヒルんでしまうくらいの圧倒的な数量だ。しかしその岬の先の方に激しく打ちあげていた波濤のことを思うと牛馬糞ごときでためらっている場合ではない。

むきだしの岬の突端のあたりからものすごい風が吹きつけてくる。進んでいくクルマがときおり風にあおられるかんじだ。危険を感じて岬の突端から五十メートルぐらいのところにクルマをとめた。防水コートに身を固め、カメラを懐の中に入れて徒歩で先端の方へ接近していった。やはりこっちの波濤のほうが堤防のそれよりも数倍ものすごい。断崖は三十メートルぐらいの高さがある。波はその倍ぐらいのところまで吹きあがっているから六十メートルほども空中にはじきとんでいるのだろう。うっかりすると吹きつけてくる風に飛ばされてしまいそうだ。風はとにかく海から陸の方へひたすら一方向に吹きつけているだけだから、なんとか岬の先端あたりまで行くことができたが、いきなり逆方向への突風が吹きつけてきたらいま頃無意味な「波見バカ一名」はこの世にいないだろう。しかしこういう場所にくるととにかく激しい写真を撮らないと帰れないような気持ちになるから不思議である。二十ミリの広角レンズを海水まみれにしつつもなんとか思いをとげて逃げるようにしてさっきのサトウキビ畑の中のンマナガマチリの場所に戻ってきた。

雨が降り続いているので大きな天蓋テントが張られていた。祈願の人々が酒入りの食事をすませ、唄をうたっているところであった。頭のてっぺんからつき抜けてくるような女の人の高い高い声である。

そのあと太鼓の音に合わせながら島人が輪になって踊るのを見た。それほど激しくもなく、しかし静かでもない不思議な神事の風景であった。

泡盛と唐がらし

翌日も雨であった。しかも相変わらずの強風である。どこへいく当てもなかったが、この島に来てから毎晩お世話になっている与那国島の名産泡盛「どなん」の工場に行ってみることにした。「六十度」以上もあるキョーレツ泡盛としてよく知られている。

親切な工場長に案内されて中に入るとぷーんと泡盛のいい匂いが漂っていて早くも嬉しくなるのだ。以前宮古島で「菊之露」の工場を見学しているからその製法はある程度分かる。その宮古島の泡盛工場と較べるとだいぶ小規模ではあるが、その分親しみやすい家庭内手工業的な風景が目の前にあった。男が二人、ベニヤ板製の蓋をあけて、スコップでコメと黒麴をまぜている。まぜたばかりのそれはまだ白いが、翌日には米もすっかり黒くなっているという。隣の小さなタンクの中にはイカ墨のような色をした液体からぶくぶく泡がでており、これは昨日水をいれたばかりのものだという。大体二十日ほど発酵させて最初に出てきたものを花酒というらしい。いい名前だなあ、と感心しているとそれを小さなコップにいれてくれた。強い香りで「おりゃー」となるが結構甘味があって飲みやすい。工場の中には低い音でずっとラジオから沖縄民謡が流れている。発酵の段階に音楽を聞かせていると美味しい酒になるとは宮古のトウジから聞いた話だ。どなんは独特の「クバ」の葉で全体をくるんであってそれがいかにも南島の酒をおもわせるいい雰囲気になっている。

昼の時間になったので島のそばでも食べにいこうかと思ったが、島にはこれといった食堂がない。結局空港のレストランにいくしかないということが分かった。天気は一向に回復するきざしはなく、暗雲はあくまでも重く低く、明日の飛行機が飛ぶかどうか心配になってきた。空港にいくと本日全便欠航ということであった。あれれ。それでも空港内のレストランはあいていて島人らしい客が何人もいる。

生ビールにどなん、カマボコ炒め五百円を注文した。ぐびりとやりながら窓の外の荒れる風景を眺める。とても取材という日和ではない。しかしかといって全便欠航では帰ることもできない。まあいいかどうだって、と思いつつ生ビールをもう一杯。仕上げは与那国そばだが、あたりにいる客を見ているとこの島ではカマボコにもチャンプルーにも味噌汁にもあのゆうべの居酒屋ふう食堂で見たねりトウガラシを沢山かける。沖縄本島を中心にどこにでもあるトウガラシの泡盛づけコーレーグースーともちがう。この島独特のものらしい。店の人に聞くと、島の人の必需的愛好品であるという。名称はとくになく「トウガラシ」なのだという。ラベルに「仲嶺工芸房」と書いてあった。よし、それでは午後はこの工場にいってみよう、と決めた。雨の時は工場見学、というのがこの取材の定番コースになってきた。

探しあてた「仲嶺工芸房」は、工場というわけでもなく民家の中の作業場という感じで、製作者もおばあさん一人であった。

空港のレストランでこのことを知って、そのつくりかたを知りたくてやってきたのですよ、というとおばあさんはびっくりしていた。そうだろうなあ。いきなりだし。

この「擂り唐がらし」はやっぱり島独特のもので古くからそれぞれの家に伝わっていたらしい。

「私のおばあさんがスリバチで唐がらしを擂っているのを見ていた記憶があります」

島の民謡にも擂り唐がらしのことが出てくるという。その昔は芋も大豆もすり鉢で擂っていた。大豆は味噌汁用である。あるとき女の家に男の客がきたので味噌汁を作った。けれどそれがとても辛い味噌汁だった。どうしてこんなに辛いのだ、と男が聞く。唐がらしを擂ったスリバチで味噌を擂ったからだと女が答える。どうしてスリバチを洗わなかったのだ。あんまり時間がかかるとあなたが帰ってしまうかもしれないと思ったからだ、と女が答えた――という内容である。

うーん、なかなか色っぽい話を聞きながらおばあさんの現代の擂り唐がらしの製作方法を見せてもらった。現在はスリバチは使わずジューサーでガーッとやってしまう。たちまち唐がらしは粉砕され辛い匂いがあたりにたちこめる。咳きこんでしまうくらいのモーレツさである。大きなスプーンで瓶に入れてできあがり。あまりの簡単さに驚いてしまったけれど、しかしほかに複雑にしようがないというのもよく分かる。このおばあさんはナカナカの発明家で、さっき見てきた泡盛「どなん」のクバの葉でくるんだ独特の包装もこの人の発明なのであった。社団法人発明協会から昭和六十二年にこのことで発明激励賞をもらっており、それが壁に飾られていた。発明協会会長、井深大の名がある。そのクバの葉の包装がなかったら六十度のアルコール含有度をもつ「どなん」の販売許可はおりなかったらしい、とあとで知った。でたとこ勝負の我が旅はまた今回もいい人と出会っている。外にでると風雲はさらに予断をゆるさない状況になっていた。宿にもどって「どなん」を飲るしかないようだ。

天候がおもわしくないので予定を一日早め、翌日の一便で石垣島にトンダ。石垣島は南西諸島のターミナルのようになっていて、空の便でも船の便でも大抵ここを基点にする。

懐かしい白保の海

与那国から百キロ東へ移動して雨雲は乗り越えたようだがそれでも曇天。南の島の曇天ハシゴ旅はやはりクヤシイ。

石垣島には七年前に映画の撮影で二ヵ月ほど滞在したことがあり、なにかと懐かしいのだ。知人も結構沢山いるので御無沙汰まいりをすることにした。

丁度ひるめし時間なので、「丸八そば」に行った。ここは映画を撮影していた時に町に出ると必ず寄ったところだ。沖縄のそばは、そばとはいっても蕎麦とはほど遠く、太さはラーメンのようで食感はうどんに近い。島の人はそばといったらこれよりほかはそばとは認めないのだ。暑いなかでフハフハいって食べるのがなかなかいい。

丁度高校生の娘さんが帰ってきたところだった。映画を撮っていた頃はこの子がまだ小学生だった。母親似のなかなかの美人になっている。背は母親を越していた。この春から沖縄本島の大学に行くのだという。

「島では子供とのつきあいは高校生までだね」

母親が達観した表情でいう。ビールにソーキそばを頼んだ。ツマミにカマボコ炒めを出してくれた。

その足で白保（しらほ）にむかった。石垣島新空港問題で一騒動あったところであり、そこで我々が映画を撮影していたのである。白保は世界でも珍しい群生珊瑚の海がある。思えばほんの数年前その珊瑚の海をつぶして空港をつくろうなどという乱暴なことを本気で考えていたのである。今その新空港建設の予定地はここから少し離れたカーラ岳という山の近くが候補になっているが、島は大工事があると必ず赤土が海に流れて珊瑚をはじめとした生態系を破壊する。どっちにしてもいまだにこの南島の貴重な珊瑚の海は、危機から遠ざかることができないのだ。

久しぶりに見る白保の海は曇天の下ではあったが静かに昔とかわらない海原を広げていた。嬉しいことである。潮のひいた海岸ではやはり以前よく目にしていたのと同じようにアーサー取りの人々がいた。アーサーは「アオサ」からきているのだろう。岩海苔の一種で味噌汁の中にとかしこんで食べると感動的にうまい。映画撮影の頃百人あまりのスタッフと軍隊食のように並んでそれを毎朝フッハフッハと汗をかきながら食べていたのを思い出した。

その時合宿所となっていた民宿に行ってみた。おじさんとおばさんがびっくりした顔をしている。我々が映画で使ったサバニ（漁をする船）が屋上に看板がわりに飾ってあった。

「あれえ何時きたねー」

「今ですよ。でもすぐに帰るので」

「お茶のんでいきなさい」

島の人はたちまち大騒ぎしていろんなものを出してくるので、お茶をいっぱいだけ貰って本当にすぐに失礼した。クルマに戻っていくとおばさんが追いかけてくる。なにもかまうことができなかったのでこれを、といって強引にぼくの胸ポケットに一万円札をねじ込んだ。こういうのを妙に潔癖に遠慮して「いえ」とか「でも」とか「だめ」とか「しかし」、などと騒いで戻してしまうのはヤボというものなので有り難くいただいた。与那国島のへんな馬の親父に、馬を撮影するなら、と二千円取られてしまったがこれで差し引き八千円のモウケになった。

白保小学校の緑の校庭で子供たちが元気に走り回っているのを見かけたのでちょっと寄っていくことにした。この小学校は校庭に緑の草がはえておりたっぷり葉をつけた南の木があちこちに生えていてまったく羨ましくなるような優しい風景の中にある。

子供たちの野球にちょっと加えてもらった。少年野球は相変わらず盛んなようでそのことも嬉しかった。

町に戻りその夜、映画の頃に出張料理などしてもらって大変世話になった焼き肉屋「とらじ」に行ってみたのだが、知らない日本料理屋になっていてその店は跡形もなかった。あの豪快な親父の前に突然顔を出してびっくりさせてみようと思っていたのでこれにはひどく落胆した。やはり時代は確実に動いていたのだ。

仕方がないのであてずっぽうに沖縄料理の店に入った。よくある観光客相手の店のようで、しまったと思ったがまあしょうがない。

ゴーヤーチャンプルー、ミミガー、ジーマーミ、アダンの芯、オオタニワタリなどを注文した。アダンは島でよく見る、パイナップルのような実をつける大きな植物だが食べられないと聞いていた。

「新芽の頃はこうして美味しく食べられるんですよー」仲居さんは愛想がいい。オオタニワタリは鉢植えになったのを見せてくれた。

「島ではオオタニというのはチンチンのことですよー」仲居さんがそいつを片手でつまんで嬉しそうに笑った。

あとがき

週刊現代で連載している「海を見にいく」の、あちこちあてずっぽう旅をまとめた本の二冊目です。一冊目は『にっぽん・海風魚旅　怪し火さすらい編』というタイトルで二〇〇〇年の六月に出しました。そのときのあとがきを読むと、続編は「波しぶき突撃編」でいく、などとこれもまたあてずっぽうに書いています（自分で書いたのですが……）。週刊誌ですからその後も毎週連載はどんどん進んでいって、相変わらず日本の海べりの旅を続けていましたから話もどんどんたまっていきました。本来は二〇〇一年に続編を出すように言われていたのですが、本にまとめる時間よりもあちこちうろついている時間のほうを優先してしまい、波しぶきにふさわしい話もあったのですが、ここでは旅の途中のどこかの島の空で見た、クジラにそっくりの雲が、ごんごん南のほうに流れていく印象が強烈だったのでそれをタイトルにしました。

仕事とはいえ、このようなシリーズで全国の海の風に吹かれる旅を続けられるというのは嬉しいもので、おかげでずいぶん日本の海にはくわしくなりました。

海べりにはいい男がいっぱいいます。気持ちのいいおばさんも沢山います。海風に刻まれた顔というのでしょうか。とくに老漁師などに海風人生をモロに感じて、カメラのファインダーを覗きながら、感動していることもよくありました。そういう人がこのシリーズには沢山登場します。それらのすべての人の名や住所をきけたわけでもないのが心残りです。本屋の一軒もないようなとんでもない田舎の漁港などが多いので、こんな本に登場してもらっているのをどれほど知ってもらえるのか見当もつきません。

写真を撮って取材すると、とりたてのイカだのアジだのを「ホレ持ってけ」などと言われてどっさりもらったりすることが多く、お礼にこの本を送りたいのですが、限られた人になってしまい、残念であります。

この本は前回同様、取材も含めて沢山の人に協力してもらってできあがったものです。敬称は略させてもらいますが、全体進行の香山光、稲垣浩二、取材協力の野田豊二、写真技術の斎藤浩、井上孝明、編集の小鮒由起子、そしてデザインの鈴木成一のみなさんに感謝します。鈴木さんにはこのほかぼくのいろんな本のデザインをお願いしていますが、とくにぼくはこの本のシリーズの造本の個性が大変好きで、いつもできあがってくるのを楽しみにしています。ありがとうございました。
ところでこのようなあとがきを書いているうちにもまだ「海を見にいく」の取材は続いていて、実はつい昨日も、旅から帰ってきたばかりです。取材最終日にまことにうまい焼酎に出会ってしまい、夜更けまで呑みすぎて翌日いささかまいりました。三冊目の目下の気分は「荒波島酒へたり編」というところでしょうか。

二〇〇三年五月　仕事場のクジラ椅子で

椎名　誠

文庫版のためのあとがき

五年にわたる海と魚の旅はヨロコビと悲しみの旅だった。などと書くとメロドラマの書き出しのようだが、ここでいうヨロコビとは海べりの居酒屋でとりたての旨い魚を肴にうまいサケを飲めたことであり、悲しみとはどの海に行ってもテトラポットに代表される波止めブロックが無粋に並べられていて海岸が変形しているところが多かったことである。このシリーズで日本の殆どの海を回ってきて、そこかしこでそうしたコンクリートで過剰に防護されたような汚い海を見てきたので、日本の海は波止めブロックばかりになっている、という証言は信じてもらえると思う。

ぼくはいろいろな外国にも行くが、外国の海にはそういうものはまずない。せいぜい北朝鮮と韓国の国境付近ぐらいだろうか。

サンフランシスコに家族が住んでいるのでアメリカの西海岸によく行くが、みごとに海と海岸線だけでそれが千キロぐらい続いていていてどこも綺麗だ。海が綺麗だからどこに行っても海を見ている人がいる。みんな海が好きなのだ。

アメリカやヨーロッパの人々の海と陸に対する基本の思考はこうだ。人類が誕生するはるか前から海はそこにあって波が海岸に押し寄せてきていた。波が海岸を削るのは当然で仕方のないこと——。要塞のようなものを作って波を防ぐには海岸線はあまりにも長すぎる。よしんば要塞を作っても百年もつかもたないか。そんな短い時間しか存在しないものを作っても……という考えである。

アジアやアフリカなどの途上国はそんなことに金をかける余裕が国家にない。かくて日本だけこの無粋で特殊な海岸線ができてしまったというわけである。

ぼくがこのように波止めブロックにこだわるのは、日本をまわる海の旅をしてきていたるところで海の風景の写真を撮るときに波止めブロックがいつも風景を壊しているのに辟易していたからだ。ありのままの日本の海岸を撮るしかないのだが、この国の海べりを旅する者にはこういうなかなかヒトには理解してもらえない〝悲しみ〟があった。

けれど、季節のいい頃に夕方あたりの海べりにいると、残照をひいて小さな漁船が港に帰ってくる。獲物はたかがしれているがそれを持っている老妻がぼくにはすぐには理解できないような土地言葉で漁師の夫になにか言い、てぎわよくもやいをとる。

そういう風景に出会ったあとの民宿の小魚料理にビンビールなどが、この長い海旅シリーズのあたたかいヨロコビであった。

二〇〇七年一月　からっ風のなかの東京で

椎名　誠

◉この作品は二〇〇三年十月に小社より刊行されたものです。

|著者|椎名 誠　1944年生まれ。作家。「本の雑誌」編集長。写真家、映画監督の顔も持ち、幅広く活躍する。'89年に『犬の系譜』（講談社文庫）で吉川英治文学新人賞、'90年に『アド・バード』（集英社文庫）で日本ＳＦ大賞を受賞した。『岳物語』（正・続、集英社文庫）、『にっぽん・海風魚旅』（1～5、講談社）、『海浜棒球始末記』（その1・その2、文藝春秋）、『やぶさか対談』（共著）、『モヤシ』（ともに講談社文庫）ほか著書多数。

にっぽん・海風魚旅（うみかぜさかなたび）2　くじら雲追跡編（ぐもついせきへん）

椎名（しいな） 誠（まこと）

講談社文庫

定価はカバーに
表示してあります

2007年2月15日第1刷発行

発行者――野間佐和子

発行所――株式会社 講談社

東京都文京区音羽2-12-21　〒112-8001

電話 出版部（03）5395-3510
販売部（03）5395-5817
業務部（03）5395-3615

Printed in Japan

デザイン―菊地信義

製版―――凸版印刷株式会社

印刷―――凸版印刷株式会社

製本―――株式会社国宝社

落丁本・乱丁本は購入書店名を明記のうえ、小社業務部あてにお送りください。送料は小社負担にてお取替えします。なお、この本の内容についてのお問い合わせは文庫出版部あてにお願いいたします。

ISBN978-4-06-275647-1

講談社文庫刊行の辞

二十一世紀の到来を目睫に望みながら、われわれはいま、人類史上かつて例を見ない巨大な転換期をむかえようとしている。

世界も、日本も、激動の予兆に対する期待とおののきを内に蔵して、未知の時代に歩み入ろうとしている。このときにあたり、創業の人野間清治の「ナショナル・エデュケイター」への志を現代に甦らせようと意図して、われわれはここに古今の文芸作品はいうまでもなく、ひろく人文・社会・自然の諸科学から東西の名著を網羅する、新しい綜合文庫の発刊を決意した。

激動の転換期はまた断絶の時代である。われわれは戦後二十五年間の出版文化のありかたへの深い反省をこめて、この断絶の時代にあえて人間的な持続を求めようとする。いたずらに浮薄な商業主義のあだ花を追い求めることなく、長期にわたって良書に生命をあたえようとつとめるところにしか、今後の出版文化の真の繁栄はあり得ないと信じるからである。

同時にわれわれはこの綜合文庫の刊行を通じて、人文・社会・自然の諸科学が、結局人間の学にほかならないことを立証しようと願っている。かつて知識とは、「汝自身を知る」ことにつきていた。現代社会の瑣末な情報の氾濫のなかから、力強い知識の源泉を掘り起し、技術文明のただなかに、生きた人間の姿を復活させること。それこそわれわれの切なる希求である。

われわれは権威に盲従せず、俗流に媚びることなく、渾然一体となって日本の「草の根」をかたちづくる若く新しい世代の人々に、心をこめてこの新しい綜合文庫をおくり届けたい。それは知識の泉であるとともに感受性のふるさとであり、もっとも有機的に組織され、社会に開かれた万人のための大学をめざしている。大方の支援と協力を衷心より切望してやまない。

一九七一年七月

野間省一

講談社文庫 最新刊

林 真理子
ミルキー
子どもを産んだ女はもっといやらしくなる。女の"秘密"がぎっしり詰まった12の短篇集。

あさのあつこ
NO.6〔ナンバーシックス〕#2
2017年。理想都市の外に出た紫苑を待っていたのは？ 加速する二人の少年の運命は!?

太田蘭三
高嶺の花殺人事件
北多摩署の相馬刑事がバスジャックに遭い、警察手帳を奪われた。名誉を懸けた追跡行。

岩井志麻子
私 小 説
男に会うためだけに、海を越える私のいじらしい性欲。魂の放浪記はここから始まった。

阿井渉介
阿部牧郎 他
息づかい
〈好色時代小説集〉
岩井志麻子、勝目梓、小杉健治、佐江衆一、東郷隆、花村萬月、藤原緋沙子、九人の競艶。

太田忠司
黄昏という名の劇場
災いや魔物が現れるという黄昏時、異界に迷い込んだ者たちが遭遇する8つの妖しの物語。

今野 敏
ST 警視庁科学特捜班
〈緑の調査ファイル〉
時価1億円のバイオリンが盗まれ、さらに殺人が──STが奏でる捜査のオーケストラ。

西村 健
劫火2 大脱出
世界最強の傭兵"傷"と自衛隊が手を組んだ。金沢包囲、逃げろ銀次！ 痛快活劇第2弾。

松浪和夫
核 の 柩
時速60キロ以下で爆発する罠を仕掛けられた核燃料輸送車。息詰まるノンストップの死闘。

椎名 誠
くじら雲追跡編
〈にっぽん・海風魚旅2〉
いい人、うまいものを求めて、南海の島から、山陰、南紀、東北へ。フォトエッセイ第2弾。

司馬遼太郎
新装版 最後の伊賀者
伊賀忍者から絵師まで、凄まじき職業意識の果て。司馬流作劇の真骨頂というべき好作品集。